藤岡藤十郎
政治・経済の中心となった江戸は、多くのならず者が流入する犯罪多発地帯でもあった。幕末の盗賊・藤岡藤十郎は江戸城の奥御金蔵から4000両を盗み取ったといわれる。

泰平の世の闇が広がる

犯罪都市・江戸

『徳川幕府刑事図譜』
捕縛の図
明治大学博物館 所蔵
町奉行所や火付盗賊改には、上級職の与力と、下級職の同心、さらに非公認に雇われた岡っ引が、犯罪捜査や捕縛にあたった。

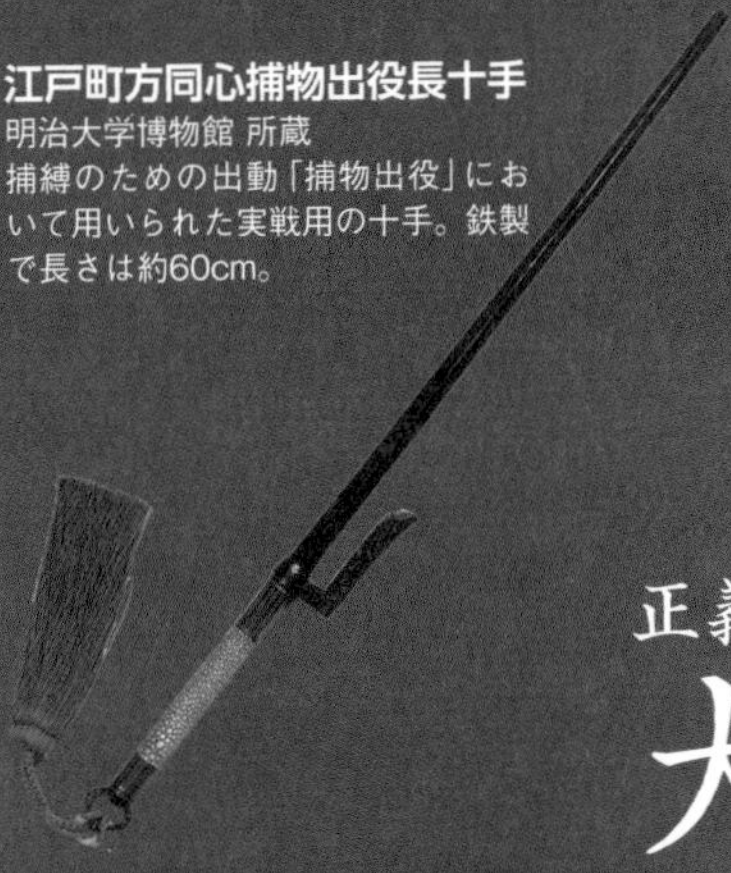

江戸町方同心捕物出役長十手
明治大学博物館 所蔵
捕縛のための出動「捕物出役」において用いられた実戦用の十手。鉄製で長さは約60cm。

正義と悪がぶつかった
大捕物

捕縛の「三つ道具」
明治大学博物館 所蔵
右から「刺又」「突棒」「袖搦」。刺又は先端のU字部分で相手を押さえ付けるもので現在も使われている。突棒は相手の体や喉元を押し付ける道具、袖搦は着物の袖や裾を絡め取って引き倒す道具で、捕縛は生け捕りが基本だった。

庶民のヒーローとなった

悪党

『豊国漫画図絵』日本左衛門
100人を超える手下を率いて東海道を荒らし回った日本左衛門は、長身の美少年だったと伝えられ、歌舞伎では「日本駄右衛門」として演じられた。

『踊形容外題尽』鼠小紋東君新形桶の口の場

19世紀初頭の盗賊・鼠小僧次郎吉は武家屋敷専門の盗人で、「こそこそ盗め」の手口でおよそ90回の盗みを行った。権力の象徴である武家を狙った手口は、のちに歌舞伎の演目となり人気を博した。

地獄の一丁目となった

牢屋敷

『徳川幕府刑事図譜』伝馬町牢獄

明治大学博物館 所蔵

牢屋敷は、牢名主を筆頭に牢役人と呼ばれる囚人によって支配された。入牢の際にツルと呼ばれる上納金を納めない者はリンチに遭って殺され、伝馬町牢屋敷では、年間約1000人もの獄死者が出た。

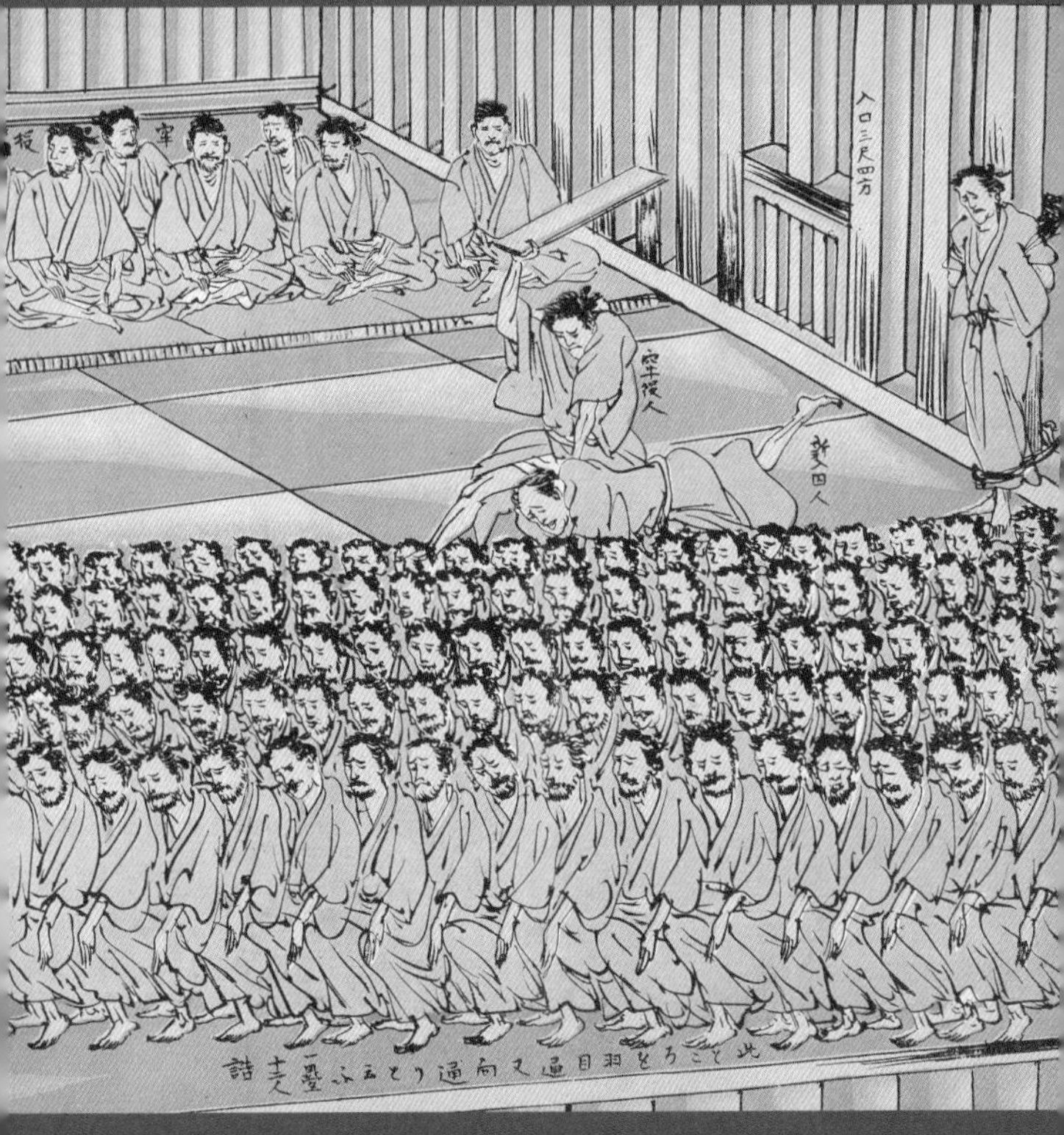

『刑罪大秘録』海老責の図

明治大学博物館 所蔵

江戸時代の拷問は取り調べの手段として法整備された。海老責は「鬼勘」と呼ばれた初代火盗改・中山勘解由が考案した。

闇に生きた人々の終着点

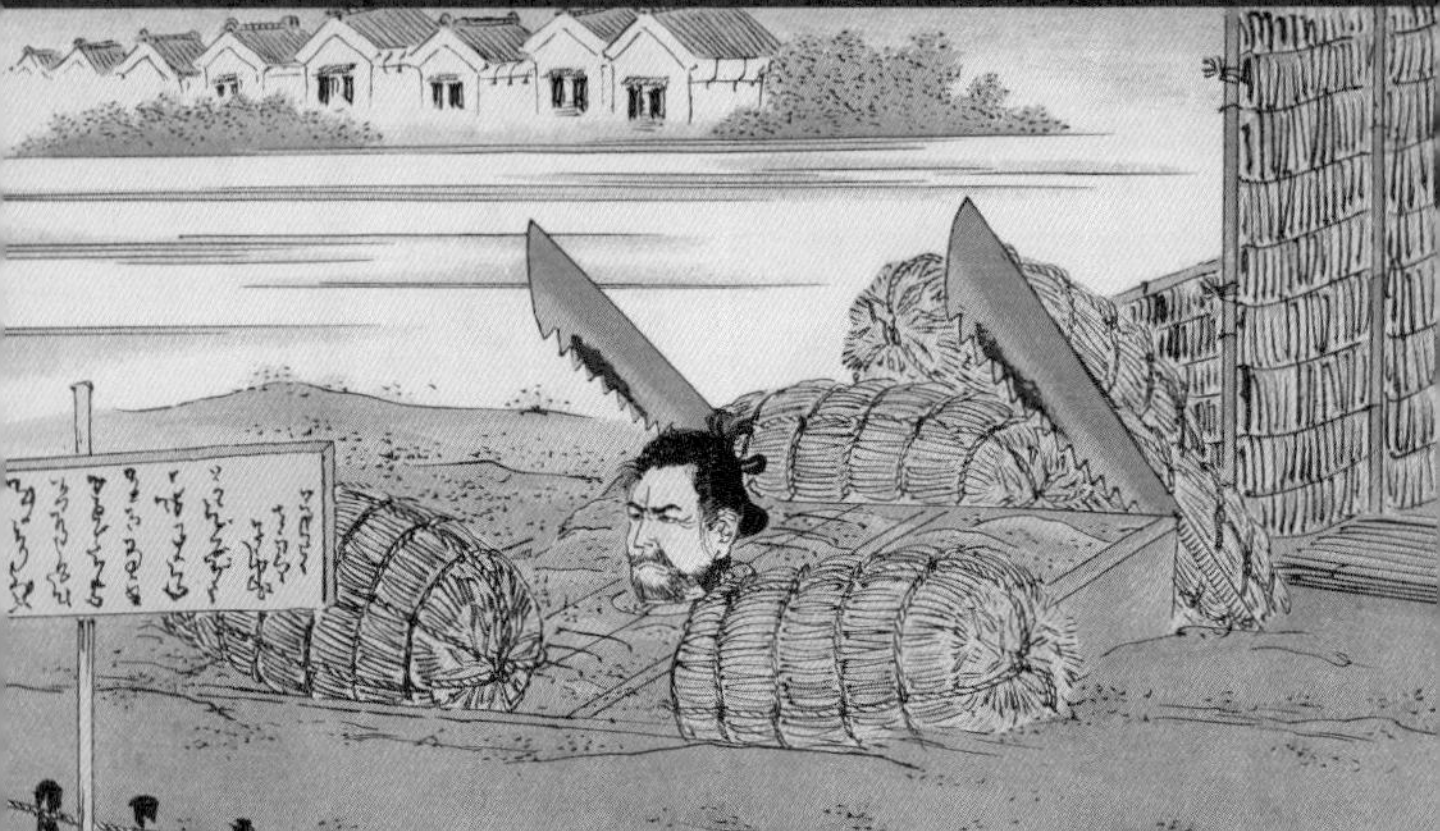

『徳川幕府刑事図譜』鋸引仕置の図
明治大学博物館 所蔵
江戸時代の死刑には6種あり、最も重い鋸挽では罪人を穴晒箱に入れて地中に埋め、3日間晒した。そのかたわらには罪人の両肩を切ってその血を付けた鋸が置かれた。

鬼平と梅安が見た江戸の闇社会

縄田一男
菅野俊輔
監修

宝島社新書

鬼平と梅安が見た江戸の闇社会

目次

第1章 実録『鬼平犯科帳』と犯罪捜査

第2章 大江戸八百八町・捕物尽くし

第3章 悪人の末路・江戸の牢獄と刑罰

第4章 「梅安」の時代と江戸の無法者社会

第5章 大江戸商売事情

第6章 吉原遊廓と花魁の世界

第1章

実録『鬼平犯科帳』と犯罪捜査

池波正太郎の小説『鬼平犯科帳』の主人公・長谷川平蔵宣以《のぶため》は、18世紀後半に火《ひ》付盗賊改《つけとうぞくあらため》（火盗改《かとうあらため》）の長を務めた実在の人物である。2〜3年で交代するのが通例だったこの役職を、平蔵は8年間も務めた。平蔵の生涯と激務だった火盗改の実態を見てみよう。

特別警察・火付盗賊改の仕事とは？

犯罪に対処する実戦部隊

「鬼平」こと長谷川平蔵が長を務めた火付盗賊改は、江戸時代に実際にあった役職である。江戸時代の警察組織といえば、町奉行をイメージする人も多いことだろう。『鬼平犯科帳』においても、平蔵を疎ましく思う北町奉行の初鹿野河内守《はじかのかわちのかみ》と、火盗改と良好な関係にある南町奉行の池田筑後守《ちくごのかみ》が登場している。これらの町奉行に対して、火盗改は放火犯や盗賊の取り締まりに特化した「特別警察」ともいえる組織である。

火盗改の誕生のきっかけになったのは、江戸城天守をはじめ江戸の6割を焼失させた明暦の大火（１６５７年）である。火事によって荒廃した江戸の街に多数の盗賊団が入り、江戸の治安は急激に悪化した。これに対処するために寛文5年（１６６５）設置されたのが、盗賊改である。その後、火付改や博打改《ばくち》が設けられ、三改が統廃合して続くことになる。当初は、幕府の職制上のものではなく、先手頭《さきてがしら》（戦時に先陣を務める役

幕府の主な治安関係役職

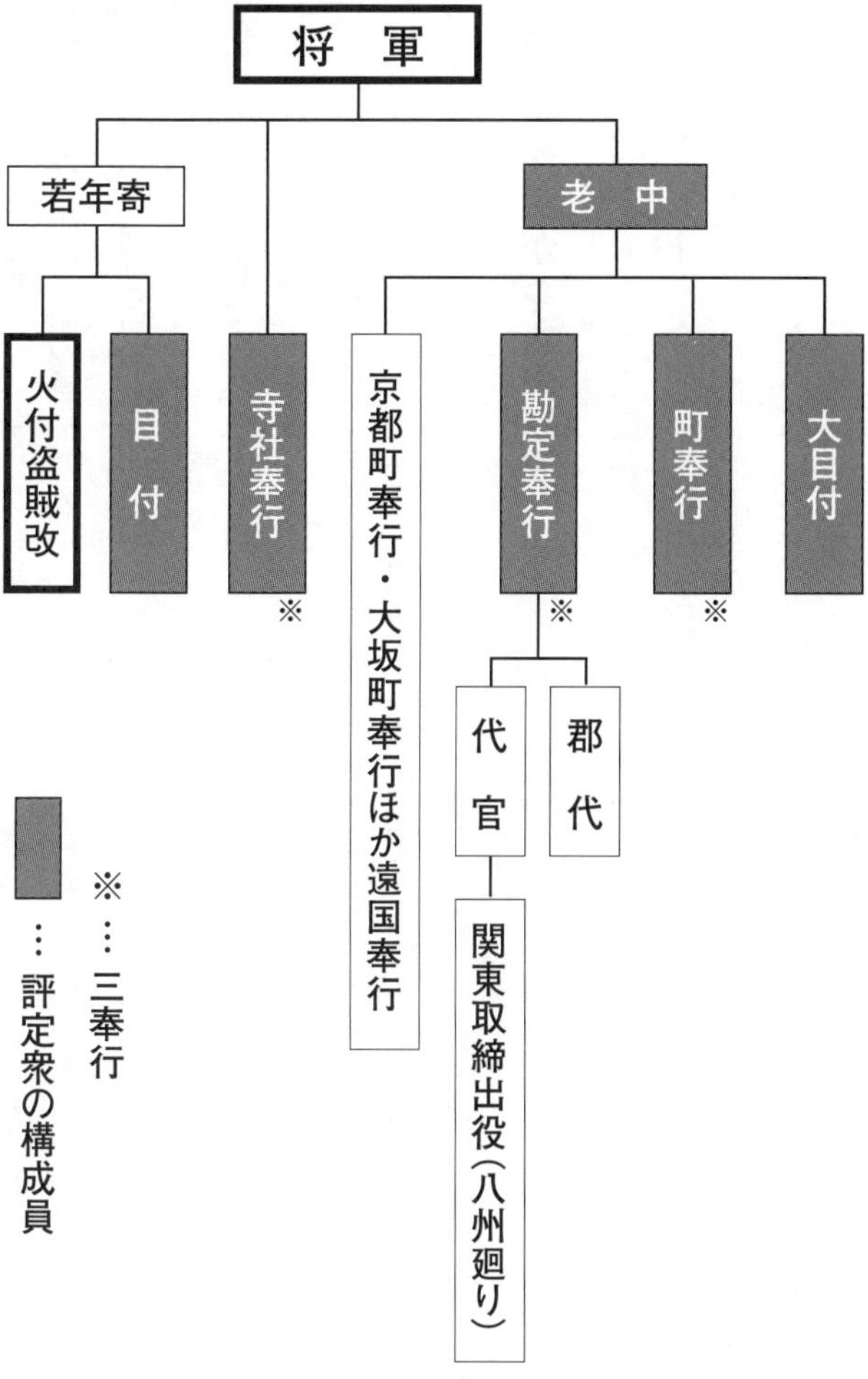

職、御先手組弓頭と御先手組筒頭の総称）や持之頭《もちのかしら》（将軍の弓や鉄砲を管理する役職、御持組弓頭と御持組筒頭の総称）の中から兼任を命じられた役職である。「火付盗賊改」も通称として用いられていたものが、正式な職名になったもので、『徳川実紀』には、「盗賊考察」「火賊捕盗」「捕盗加役」などさまざまな名称が用いられている。

火盗改は幕末の慶応2年（１８６６）まで２０１年間続き、のべ２４０人（実数１９７人）が就任した。このうち先手頭が就いたケースが全体の95％を超える。先手頭は、戦国時代では足軽大将に相当する武官である。平時においては江戸城内の各門に交代で勤務し、将軍の出行においては警備を担った、江戸幕府の組織の中でも実戦的な役職といえるだろう。

実は権限が弱かった火盗改

町奉行が江戸幕府の最高執政職の老中《ろうじゅう》の管轄であるのに対して、火盗改を管轄するのが老中に次ぐ若年寄《わかどしより》である。『鬼平犯科帳』において、平蔵が武士や僧侶の犯罪に苦慮するシーンがあるが、火盗改が逮捕できる者は無宿《むしゅく》（「宗門人別改帳《しゅうもんにんべつあらためちょう》」から外された者）、百姓・町人に限定された。火盗改が取り締まる犯罪は、放火と強盗をメインとして、これに準じるゆすり（恐喝・脅迫）、かたり（詐欺）、ねだり（いいがかり）、博打に限られていた。そのため、犯罪者が武士の場合や殺人などを犯した凶悪犯の場合は、原則として、管轄によって三奉行（町奉行・寺社奉行・勘定奉行）のいずれかに引き渡すことになっていた。また町奉行は刑の仕置《しおき》（執行）の手限《てぎり》権（決定権）を有していたが（ただし、仕置を決定し難い場合は老中に仕置伺いを提出）、火盗改は原則的に仕置の手限権はなく、罰金（過料）などの軽い刑を貸す場合にも必ず老中に仕置伺いを提出しなくてはならなかった。幕末の文久3年（1863）には火盗改の手限権も拡大され、入墨刑以下の軽い刑については仕置が認められるようになった。ただし、『御仕置例類集』には、絞殺してから懐中の金品を奪った事件や、賭博の恨みから起きた殺人事件の犯人の仕置伺いを出した例もある。

『鬼平犯科帳』では、平蔵が上級武士の犯罪の対処に苦慮したり、北町奉行が平蔵たちの手柄に嫉妬《しっと》するシーンがあるが、これは火盗改が百姓や町人を対象としており、町奉行よりも手限権が弱い役職であるためなのだ。

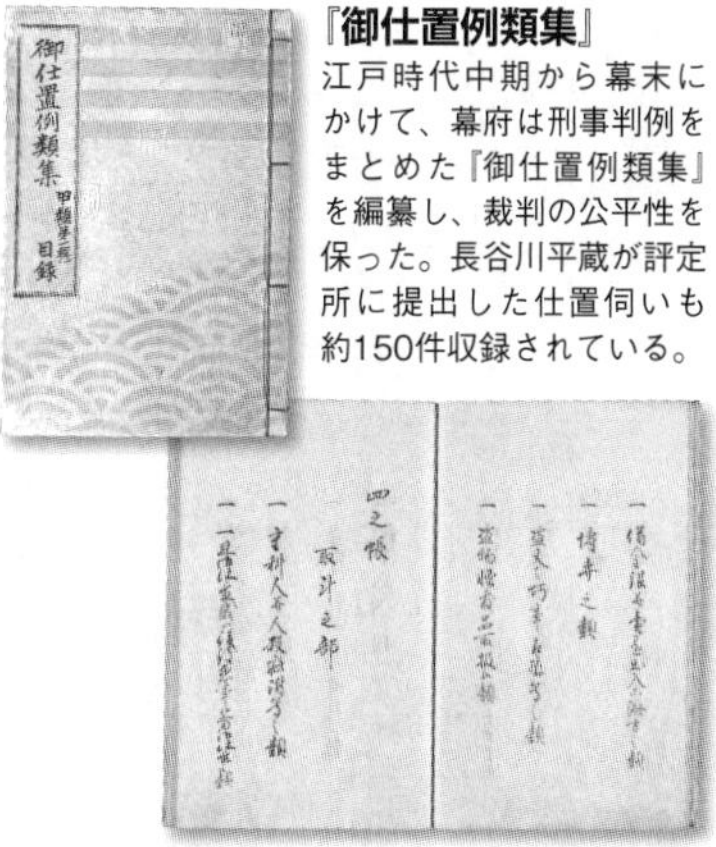

『御仕置例類集』
江戸時代中期から幕末にかけて、幕府は刑事判例をまとめた『御仕置例類集』を編纂し、裁判の公平性を保った。長谷川平蔵が評定所に提出した仕置伺いも約150件収録されている。

犯罪捜査の精鋭部隊・火盗改の組織構成

わずか50人で江戸市中の犯罪を取り締まる

『鬼平犯科帳』には、長谷川平蔵の右腕である筆頭与力の佐嶋忠助《さじまちゅうすけ》、うさぎ饅頭《まんじゅう》に似ていることから「兎忠《うさちゅう》」と呼ばれる同心《どうしん》の木村忠吾のほか、勘定方同心の川村弥助のような事務方もいる。では実際の火付盗賊改の組織はどのようなものだったのか。寛政7年（1795）から1年間、平蔵の次に火盗改の長となった森山源五郎の時代の組織構成が『徳川禁令考』に掲載されている。

火盗改は与力《よりき》10騎、同心40人の合計50人で、それぞれ細かく役割分担があった。まず江戸市中を巡回し、犯人の捜査・逮捕にあたったのが、召捕方廻方《めしとりまわり》与力7騎、手付同心7人である。残り3騎の与力は役所詰与力で、召捕方廻方が捕らえてきた犯人の吟味をする。6人いる届廻同心は、老中、若年寄、御側《おそば》衆（将軍に近侍し、老中退出後の事務処理を行った役職）の邸宅を分担して巡回した。

証人や参考人の呼び出しにあたるのが、差紙《さしがみ》使同心として9人がいる。差紙とは召喚状のことである。長官の秘書役となるのが頭《かしら》付同心3人で、出火場所の視察や市中の巡回にも同行した。主な活動範囲は江戸市中だが、必要な場合は与力・同心を関東、東海、北陸、東北方面に派遣して捜査を行わせた例もある。『鬼平犯科帳』の「鯉肝《こいぎも》のお里」でも捜査のため同心・沢田小平次が上州（群馬県）に派遣されるなど、たびたび地方出張が描かれている。

犯人の供述記録や書類作成を行う事務方となるのが書役《かきやく》同心で9人いる。事務方の同心はこのほかにもおり、犯人の所持品や没収となった家屋の家財の処分、盗品（雑物《ぞうもつ》）の処理などを行う雑物懸《がかり》同心2人、溜《ため》（病気になった囚人の収容施設）に預けた囚人の食費など会計業務を行う溜勘定懸同心1人がいる。また病気や事故などで休んだ同心の事務を代行する浮役《うきやく》同心が2人いた。『鬼平犯科帳』では、同心たちが宿直するシーンがたびたび描かれているが、実際に書役同心4人、差紙使同心4人、頭付同心2人の10人が交代で宿直にあたった。火盗改の官舎ができたのは慶応元年（1865）のことで、役宅を使ったのは最後の長官である戸田与左衛門のみである。それまでは自らの屋敷に、訴所やその控え所である内腰掛《うちこしかけ》、犯罪者の吟味・裁定を行う白洲《しらす》や仮牢、拷問道具を揃えた取り調べ施設などを設けた。

鬼平が放蕩《ほうとう》生活を送ったのはわずか1年だった

鬼平の母は長谷川家の家女だった

『鬼平犯科帳』では、長谷川平蔵は妾《めかけ》の子として生まれながら、本家に子どもがいなかったために跡取りとして迎えられたが、意地の悪い継母との折り合いが悪く、若い頃に放蕩三昧の日々を過ごしたと描かれている。若い頃の名前が銕三郎《てつさぶろう》だったことから「本所の銕」として恐れられ、のちに密偵となる相模の彦十《ひこじゅう》やおまさとはこの本所の銕時代からの知り合いだ。

長谷川家は、将軍や世継ぎの身辺を警護する御書院番や小姓《こしょう》組番を代々務める名門だったが400石の小身《しょうしん》だった。平蔵が正妻の子でなかったのは事実で、大名や幕臣の系譜が記された『寛政重修諸家譜《ちょうしゅうしょかふ》』には、母は「某氏」となっており、名は不明である。長谷川家には上総国武射《むさ》郡・山辺郡（千葉県東部）に知行《ちぎょう》地があったため、この地から奉公に上がった女性とする説もある。生誕地は本所ではなく、旧屋敷があった赤

本所にあった長谷川家の屋敷位置

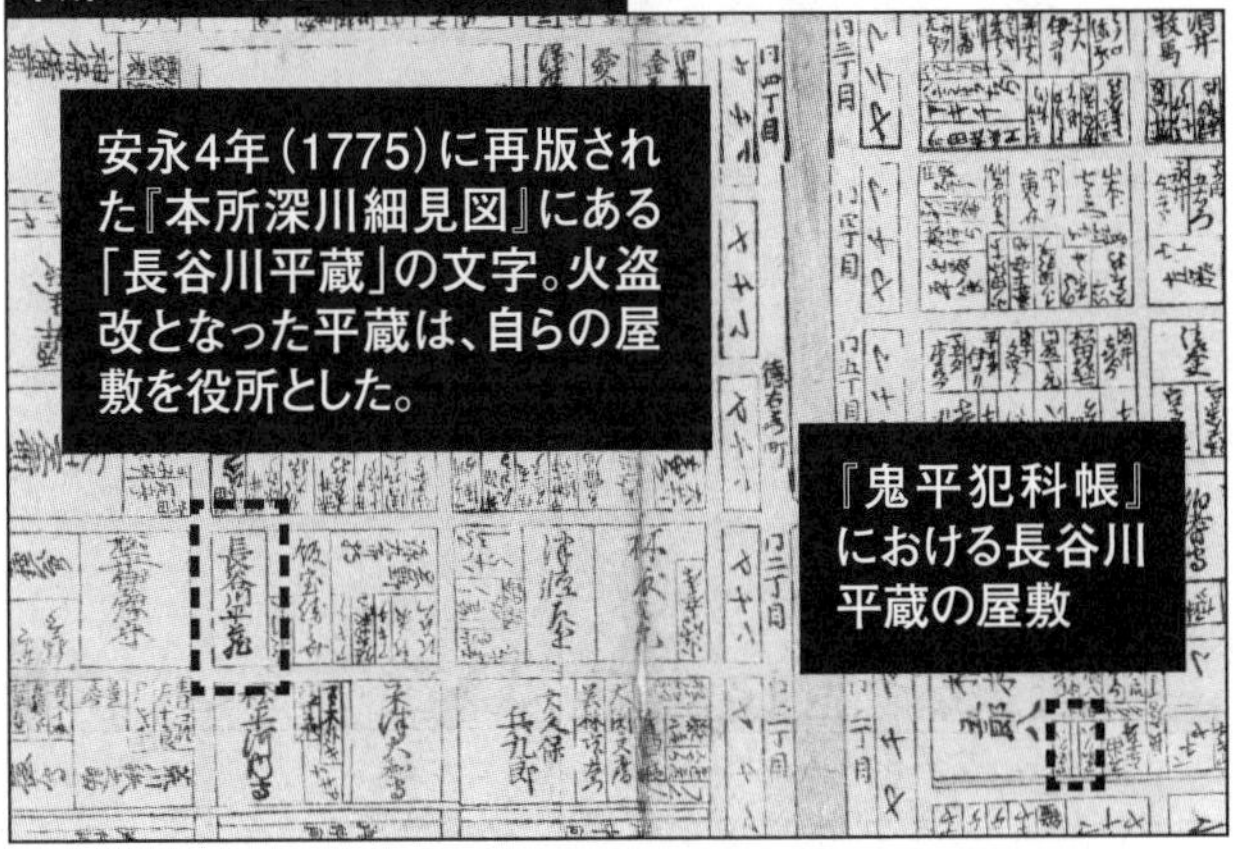

安永4年（1775）に再版された『本所深川細見図』にある「長谷川平蔵」の文字。火盗改となった平蔵は、自らの屋敷を役所とした。

『鬼平犯科帳』における長谷川平蔵の屋敷

坂の築地中之町（現在の港区赤坂）である。長谷川家の屋敷は平蔵が5歳の時に築地湊《みなと》町へ移り、その後、本所に再移転した。死没年から逆算して延享2年（1745）の生まれである。

父・宣雄の正妻は平蔵が5歳の時に亡くなっており、以降、後妻である家女に育てられたことになる。ただし、『鬼平犯科帳』に描かれているように継母から疎んじられていた記録はなく、また生母は平蔵の死後も長谷川家にいたことから、小説にあったような継母と不仲な関係はなかったと思われる。

父の遺産を遊里で散財して食い潰す

明和元年（1764）、平蔵が19歳の時に長谷川家は本所菊川町に屋敷替えとなる。ただし、小説で描かれるような荒れた生活をこの頃にしていた史料は残っていない。平蔵にとって大きな転機となったのが父の死である。父・宣雄は旗本の中でも傑出した人物であり、安永元年（1772）に京都西町奉行に就くと、交渉ごとに手練れた僧侶や社人（神主）を相手に寺社訴訟を次々に処断していった。ところが激務がたたり、就任わずか8ヶ月で亡くなっている。

『京兆府尹記事《けいちょうふいんきじ》』には、宣雄の死を「貴賤問わずに惜しんだ」と伝えている。一方、平蔵の放蕩ぶりについても記述がある。28歳だった平蔵は長谷川家の当主として小普請《こぶしん》組に入るが、これは「非役」と呼ばれる役無しの部署で、不祥事を起こした者や病気になった者、高齢者などが就く窓際族だった。暇を持て余した平蔵はここで放蕩生活を送ったようだ。『京兆府尹記事』には、父・宣雄が倹約をして貯めた財産を、悪友とともに遊里で豪遊して使い果たし、「本所の銕」と呼ばれたことが記されている。

当時の本所は、風光明媚《ふうこうめいび》なことから深川芸者で有名な遊里があり、「大通《だいつう》」と呼ばれた、豪遊する金持ちが通う街だった。平蔵もこの大通の真似事をしていたようである。400石の小身の長谷川家に財産はそれほど多くはないはずだが、本所への屋敷替えの際には数百両の大金を支出していることから、長谷川家は石高以上に蓄財していたことがうかがえる。また本所の屋敷は約1200坪もの広大な土地を有しており、その一部

『江戸高名会亭尽』
本所小梅 小倉庵
江戸における風光明媚な観光地だった本所は、料亭が立ち並ぶ遊里となった。父の遺産を相続した長谷川平蔵も悪所通いをするが、この経験がのちの火盗改の職務の役に立った。

を町人に賃貸していたようだ。

ジンクスを破り、異例の出世を遂げる

放蕩三昧の日々を過ごしていた平蔵だが、安永3年（1774）に先祖代々の役職である西の丸御書院番となっている。これは将軍の世継ぎ（のちの11代将軍徳川家斉《いえなり》）の警護役である。御書院番は容姿端麗かつ行儀作法に通じていなくてはならない。

さらに翌年には、仮役ではあるが西の丸御進物《ごしんもつ》番となる。これは諸大名から贈られてくる進物を受け取り、納戸に納める役職である。御進物番は単なる受け取り係ではなく、威儀を正して業務を行い、将軍へ取り次ぐ高官である「奏者《そうしゃ》番」に気に入られなくてはならない。御書院番と御進物番で、平蔵の才能はいかんなく発揮されたのであ

る。ただし、御進物番を務めた者はその後、本番頭などにはなれないとされていた。ところが平蔵はこのジンクスを破り、その後も順調に出世を重ねていくことになる。

天明4年（1784）に徒士頭《かち》となり布衣《ほい》（御目見《おめみ》え以上の身分の者が着る礼服）が許され、天明6年（1786）に番方トップの御先手組弓頭になる。これは戦時において弓矢を持って先陣を務める部隊長で、平時においては諸門の警備にあたった。家督を相続して13年で、番方役人（警備担当）の最高位となったわけである。そして、御先手組弓頭の加役（兼任）で、天明7年（1787）に火付盗賊改の長官となった。

史料から見る限り、平蔵が放蕩生活を行ったのは家督相続直後の非役の時代、すなわち1年ほどだったことになる。ただし、もともと生真面目だった人間が急に豹変するとは考えにくい。平蔵が公式の記録に初めて登場するのは、明和5年（1768）の記事で、23歳の時に10代将軍徳川家治に初御目見えしている。通常では旗本の子弟の初御目見えは7～8歳、遅くても12～13歳に行われる。平蔵の遅すぎる初御目見えは、10代の平蔵に何らかの不都合な事情があったことがうかがえる。

期間はともかくとして、『鬼平犯科帳』で描かれているように、実際に平蔵が悪所通いをしていたことは事実であり、このことがその後の捜査活動に大いに役立ったことは間違いない。

なぜ鬼平は長期にわたって火盗改長官に在職したのか?

田沼意次《たぬまおきつぐ》に見出された鬼平

長谷川平蔵が御書院番でありながら御進物番の仮役となったのは、この時代の老中が田沼意次だったことも大きい。田沼は農業中心の経済ではなく、商業を重視する政策を採った。これによって幕府財政は改善され好景気となるが、一方で金銭中心の社会構造から贈収賄が社会に広がっていった。こうして、御進物がそれまで以上に届けられるようになり、平蔵も仮役に任じられたのである。平蔵が出世したのは、この田沼意次の引き立てによるものともいわれる。

天明7年(1787)に、田沼意次が失脚し、6月に松平定信が筆頭老中となった。平蔵が火付盗賊改の長官になったのはこの年の9月のことである。定信は田沼政治を批判して寛政の改革を行う。18世紀後期には、災害や飢饉《ききん》が頻発し、江戸に無宿が多く流入するようになっていた。このような状況下で、平蔵が火盗改に就任した年、飢饉による米価の高騰から江戸市中で打ち毀《こわ》し（暴動）が発生した。『江戸会誌』には、この時、平蔵が御先手組をはじめ、与力75騎、同心３００人を引き連れて暴徒を召し捕ったとある。これによって江戸市中に平蔵の名が知れ渡るようになった。

『鬼平犯科帳』では、平蔵自らが昼夜を問わず、街を巡回したり、捜査したりする様子が描かれている。実際に平蔵はそれまでの火盗改と異なり、自ら無提灯で夜廻りをするなどし、街の事情に通じていたようだ。

鬼平が奉行になれなかった理由

『鬼平犯科帳』の「盗法秘伝」の冒頭では、平蔵が老中・松平定信に呼び出され、激務である火盗改の任に就いた平蔵を休養させるために、解任することが伝えられるシーンがある。平蔵は父・宣雄の墓参りのために京都への旅路に出る。ところが、平蔵がいなくなった江戸の街では、凶賊・火盗六兵衛が暴れ回って治安が悪化。「駿州・宇津谷峠」で平蔵は火盗改に再任されることとなった。

実際に平蔵は、火盗改の加役（仮役）になった翌年の天明8年（１７８８）4月に解任され、その半年後に再任されている。ここから50歳で死去するまでの8年間、平蔵は火盗改の激務を担うこととなる。

前述したように、火盗改は先手頭を本職とする者の兼任職であり、通常2〜3年で交代する。この任を全《まっと》うした者はその後、京都や大坂の町奉行、奈良や堺の奉行に栄転するのが通例だった。江戸時代の社会風俗が記されている『わすれのこり』には、平蔵の活躍について「賞罰正しく、慈悲心深い。幾知に富んだ裁きが多く、人々は今大岡（現代の大岡越前）と呼んだ」とある。平蔵の働きぶりは人々から支持されていたことがわかる。

この史実に対して『鬼平犯科帳』では、平蔵の働きぶりがほかには変えがたいことから、火盗改を続けることになったというストーリーだ。しかし、実際には老中・松平定信から嫌われていたため、出世できなかったのが実態のようである。

『鬼平犯科帳』の「礼金二百両」には、火盗改の不足する資金のために平蔵の妻・久栄が母の形見の櫛《くし》を売ろうとするエ

武家火消装束
消防博物館 所蔵
火盗改長官の装束は武家火消が火事場に出場する時と同じだった。

松平定信
福島県立博物館 所蔵
寛政の改革を進めた松平定信は長谷川平蔵の能力を評価する一方で、「武士らしからぬ」平蔵の手法を嫌悪し、定信の自伝『宇下人言』には「長谷川何がし」と平蔵の名前を記すことがなかった。

ピソードがあるが、実際に平蔵は資金繰りに悩まされた。平蔵は、後述する人足寄場《にんそくよせば》（無宿の更生施設）の運営資金を補填するために、銭《ぜに》相場で稼いでいた。これに対して、金儲けを卑しいことと考える松平定信の不興を招いたともいわれる。

松平定信の自伝には、平蔵についてその功績を認める一方で、「長谷川何がしという者は、功利をむさぼるために山師（相場師）などというよくないこともあるようで、人々は悪くいう。ただし、このような人でなければ人足寄場はできないだろうと試しにやらせてみた」とある。「白河（松平定信）の清きに魚のすみかねて　もとの濁りの田沼（田沼意次）こひしき」と揶揄《やゆ》された松平定信は、清濁併せ飲む平蔵に対して「長谷川何がし」と言葉を濁すように嫌悪感を露《あら》わにしている。こうしたことが平蔵の出世に影響し、また平蔵の火盗改の成果が大きかったことが、在任期間の異例の長さにつながったのだろう。

寛政７年（１７９５）、平蔵は火盗改の激務がたたってか、在任中に体調を崩し、職を辞した３日後に亡くなっている。その死は江戸の多くの人々から惜しまれた。

世界初の罪人更生施設・人足寄場の設立

❖犯罪の再犯率にまで目を向けた鬼平

長谷川平蔵の大きな業績の1つが、人足寄場を設置したことだ。人足寄場は、いわば昔の刑務所で、軽犯罪人や無宿を収容して自立支援を行った。無宿は「宗門人別改帳」から除籍された人のことで、現在のホームレスとは意味合いが異なる。『鬼平犯科帳』においても人足寄場はたびたび登場する。例えば、「むかしの女」では、平蔵が3日に1度は足を運ぶ人足寄場からの帰路で、針売り老婆に声をかけられるシーンがある。

石川島に人足寄場が設置されたのは寛政2年（1790）のことである。その理由は、江戸に集まってきた無宿が窃盗や放火などの罪を犯したり、物乞いになって町を徘《はい》徊《かい》するなどして、江戸の治安を悪化させていたからだ。

18世紀後半になると浅間山の噴火や天明の大飢饉などの災害が相次ぎ、無宿が増加して社会不安が高まった。幕府も無宿の対処に手を焼き、佐渡金山に送るなどの更生対策を講じた。しかし、金山での労役は非常に過酷なので、更生というよりは懲罰に近かった。罰を与えるだけでは抜本的な解決には至らなかったため、平蔵は犯罪者の更生を目的とした収容施設をつくることを老中の松平定信に提案したのである。

人足寄場には100人余りが収容されたが、徐々に拡張し、幕末には400～600人ほどを収容できるようになった。寄場内では無宿に手に職を付けさせるため、大工や建具、塗物、紙すきなど23職種の訓練が行われた。また寄場外では、川ざらい、材木運搬、船頭、外使い、野菜づくりなどの7職種の訓練が行われた。さらに、市民道徳を説く心学者《しんがくしゃ》の講義を受けさせるなど、生活指導も行われた。

収容期間が満了すると、江戸での商売を希望する者には土地や店舗が、農民になる者には耕作地が、大工になる者には道具が支給された。ただし、収容された無宿はガラが悪かったので、寄場の内外でのトラブルも絶えなかったという。

資金不足を補った鬼平の運営手腕

平蔵は、火盗改の任に加えて、困難な人足寄場の運営にもあたった。最も運営に苦慮したのが資金面である。初年度の予算は、米500俵、金500両だったが、翌年には幕府の財政難から米300俵、金300両になり、4割も予算を削減されている。

人足寄場の全体図

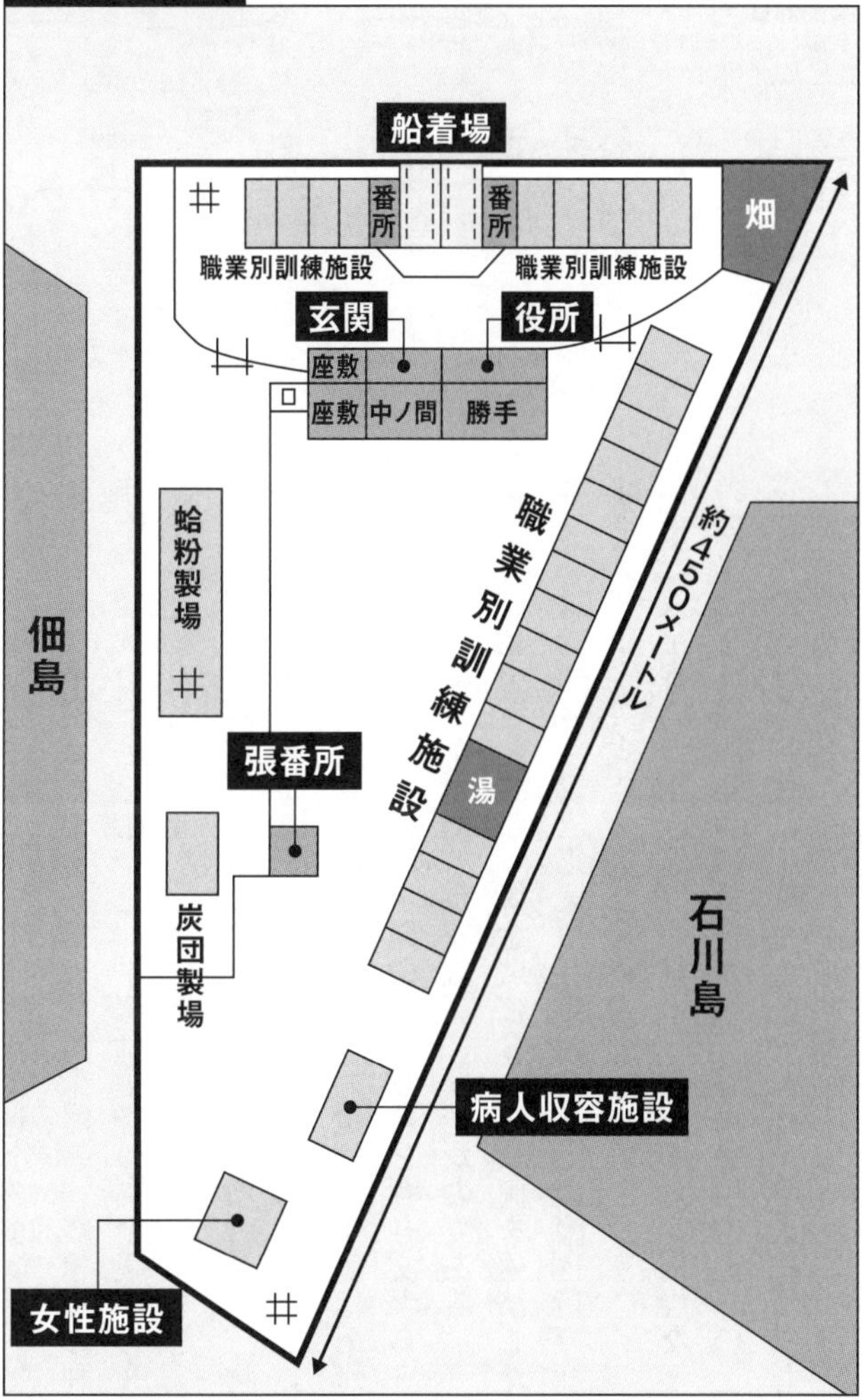

船着場
番所
番所
職業別訓練施設
職業別訓練施設
畑
玄関
役所
座敷
座敷
中ノ間
勝手
蛤粉製場
職業別訓練施設
約450メートル
佃島
張番所
湯
炭団製場
石川島
病人収容施設
女性施設

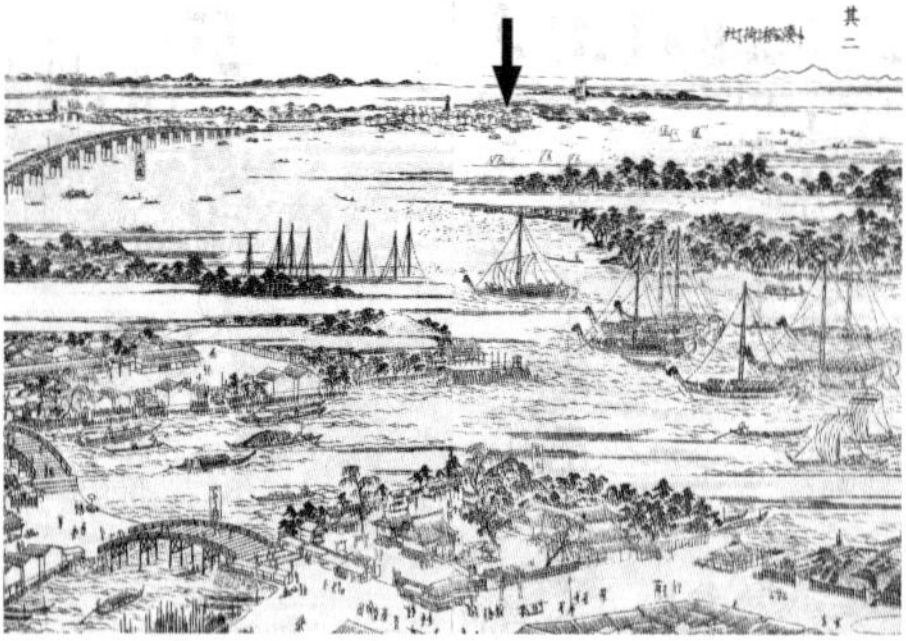

『江戸名所図会』湊稲荷社

手前にあるのが湊稲荷社（鉄炮州稲荷神社）で、その沖合に長谷川平蔵が設置に尽力した人足寄場があった。

幕府から人足寄場に出される資金は十分ではなかったことから、平蔵は武士としては前代未聞の、銭相場の利ザヤで経費の不足を賄った。平蔵は幕府の御金蔵から3000両もの大金を借り受け、その金で銭貨を買った。そして、松平定信の了承を得て町奉行と同席の上で、物価を引き下げるように江戸の大商人に命じた。これによって小銭である銭貨の価値は上がり、金貨の価値は下がる。その結果、銭相場は1両につき6貫200文から5貫300文に下がった。金安銭高になったのである。平蔵は再び金を買い戻し、御金蔵に3000両を返済した後の残金を寄場予算とした。平蔵はこうした意図的な相場介入によって大きな利益を得たのである。

また人足寄場の空き地は、材木、かきがら、種炭などの置場として民間業者に賃貸され、寄場費用の3分の1を補った。放蕩時代に平蔵は屋敷の一部を町人に賃貸していたが、そのノウハウが活かされた。

収容者がつくった物の売上の2割は差し引かれるが、残金（残りの8割）の3分の2は収容者に支払われた。そして、「自分稼《かせぎ》」＝自立厚生を建前に、食事代、衣服代、髪結い代、風呂代、鼻紙代などが差し引かれた。さらに残金の3分の1は強制的に本人の貯金とされ、一定額が貯まると釈放された。

寛政2年（1790）、平蔵は寄場設置の功労で金3枚、時服《じふく》（将軍から下賜される季節の衣服）が与えられている。また寛政4年（1792）、人足寄場の任を解かれる際には、褒美として金5枚を賜《たまわ》っている。

『石川島監獄署作業状況図』
公益財団法人矯正協会矯正図書館 所蔵
無宿や軽犯罪の職業訓練の場だった人足寄場は、世界に先駆けて設立された更生施設だった。

当時の厳罰による犯罪抑止の政策とは異なり、犯罪者の改心によって放免をさせる人足寄場の設置は世界的にも画期的なことだった。人足寄場は、イギリスの流刑地だったオーストラリア・ノーフォーク島で点数による仮釈放制度が試行されるよりも1年早い、世界初の罪人更生施設である。

高い検挙率を誇った鬼平の犯罪捜査

多くの判例を残した鬼平

火付盗賊改と人足寄場という2つの加役を担っていた平蔵だったが、ただでなくても激務である火盗改の仕事との両立は心身ともに厳しいものがあったのだろう。『御仕置例類集』に記された平蔵が残した判決例は、寛政元年(1789)から寛政3年(1791)までの3年間の合計が30件に対して、平蔵が人足寄場の運営から離れた寛政4年(1792)には25件、寛政5年(1793)に47件、亡くなる前年となる寛政6年(1794)には76件もある。

平蔵が犯罪捜査において卓越した手腕を発揮したのは、平蔵が小普請組時代の放蕩生活での経験が役立ったことは想像に難《かた》くない。『鬼平犯科帳』でも相模の彦十やおまさといった「本所の銕」時代の知り合いが登場する。このほか『鬼平犯科帳』には、小房の粂八《くめはち》や大滝の五郎蔵《ごろぞう》などの元盗賊が平蔵の密偵として活躍するが、このような私的な手先は実在し、一般には目明かしや岡っ引、火盗改では差口奉公《さしぐちほうこう》と呼ばれた。

禁制の岡っ引の積極的な利用

平蔵の後任となった森山孝盛が記した『蜑《あま》の焼藻《たくも》』には平蔵の捜査手法について、「元来、御禁制の目明かし・岡っ引というものをもっぱら使うので、大盗・強盗などはたちまち召し捕らえた」とある。森山は平蔵の手法に批判的な人物で、岡っ引などを使わなかったが、犯罪検挙数は平蔵の方が圧倒的に多かった。このことは岡っ引の有用性を示しているといえるだろう。

岡っ引の「岡」は脇の立場を意味し、同心ではない脇の人間が拘引したことから「岡っ引」と呼ばれた。ただし、「岡っ引」という呼び方は蔑称で、公の場所で名乗る呼び方ではなかった。武士ではないため、帯刀は許されず、十手《じって》と呼ばれる、警棒のような武器を持っていた。

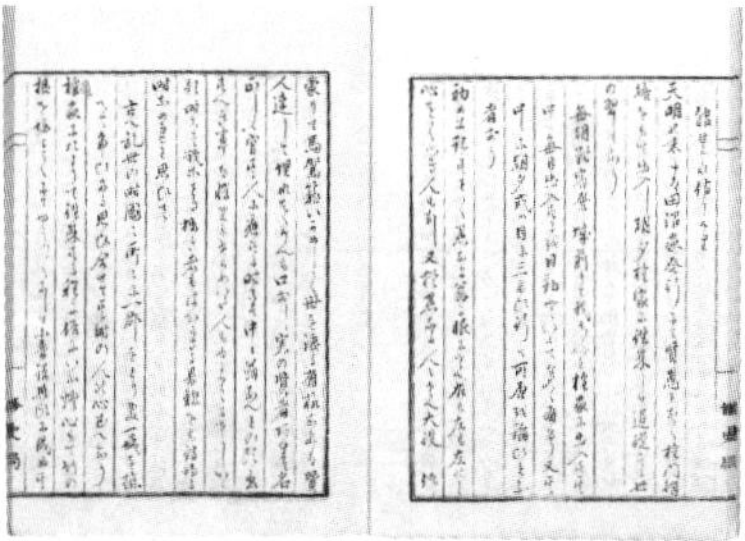

『蜑の焼藻』
長谷川平蔵の後任となった森山孝盛は、平蔵の操作手法を批判的に書き残したが、犯罪検挙数は平蔵の方が多かった。

犯罪捜査では反社会的組織の内情に精通した者の

火付盗賊改の組織構成

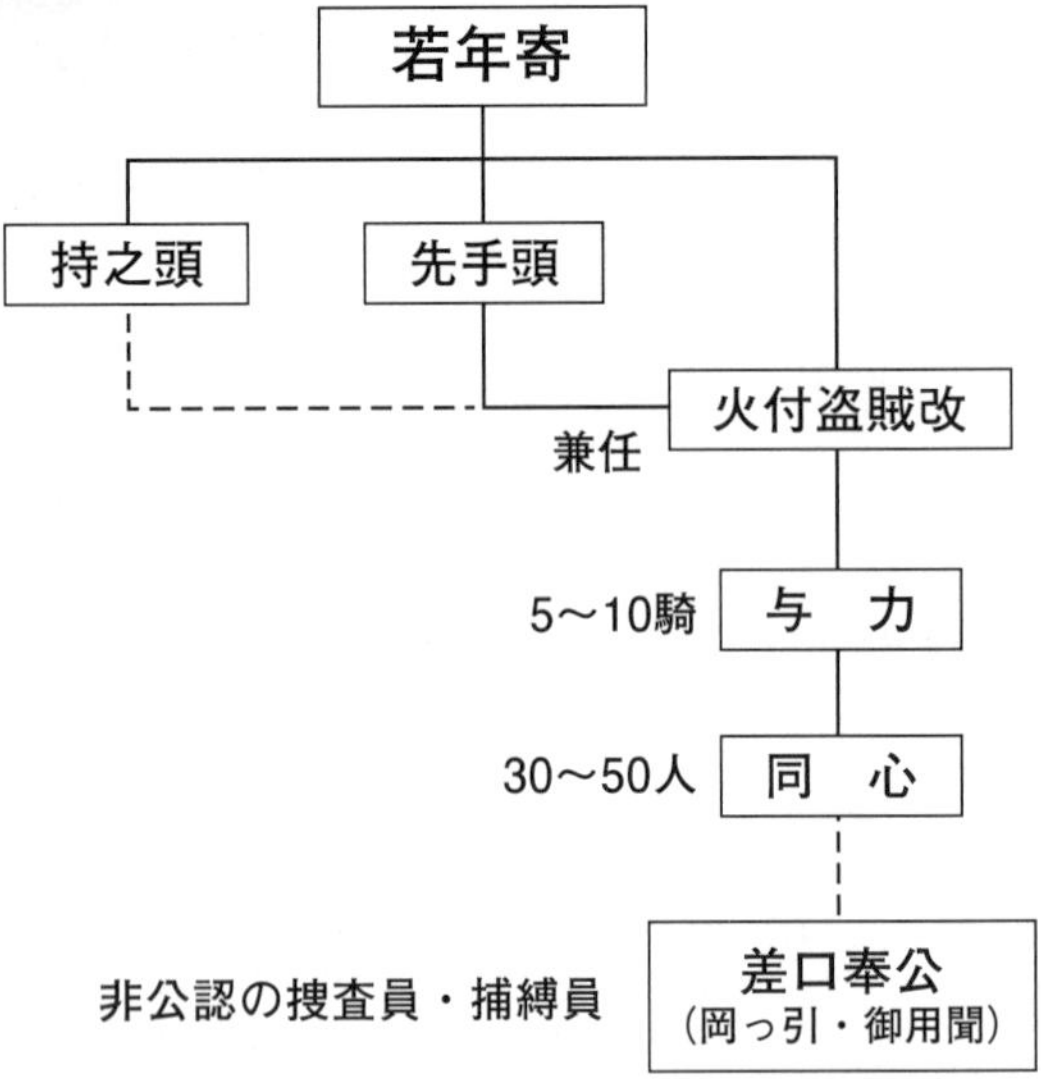

協力が不可欠である。岡っ引も博徒のような反社会的組織に近い存在が採用されることが多かった。中には岡っ引という立場を悪用して悪事を働く者もいた。そのため、正徳2年（1712）以降、幕府はたびたび岡っ引の使用の禁制を出している。

『鬼平犯科帳』では火盗改の密偵として元盗賊が活躍しているが、実際の平蔵も人足寄場の設置などに見られるように、犯罪者に対する温かい目を持っている。『江戸会誌』には、平蔵が囚人には温情を持って接し、服が無いものには衣服を与えたとある。また誤認逮捕した場合には、勾留日数に応じて保証金を支払ったようだ。さらに刑死者のために供養塔を建立したり、法要を営むこともあったという。「本所の銕」として放蕩生活を送った平蔵は、下層階級の実情に通じて温情を与えるとともに、その扱いにも慣れていたと考えられる。平蔵だからこそ構築できた非公認の情報網が高い検挙率につながったのだろう。

ちなみに『鬼平犯科帳』では、平蔵の「勘働き」によって犯人が逮捕されるシーンが多く描かれるが、実際の平蔵も鋭い観察眼によって犯罪者であることを見抜き、周囲の者を驚かせた記録が残っている。例えば、火事場に出動した平蔵は、現場にいた美しい法衣をまとった僧侶を一見すると部下に捕縛を命じた。取り調べたところ、変装していた大盗賊だったという。『鬼平犯科帳』でも坊主あがりの凶賊・和尚の半平が登場するが、実際に当時の盗人の変装を見破る技術も平蔵には備わっていたようだ。

火事に対する火盗改の対処

火盗改の重要な任務が、放火犯の逮捕である。火事が起きた際のマニュアルが『徳川禁令考』にある。まず届廻同心のうち1人、召捕方廻方の与力と手付同心のうち、火事番だった者と出火場近くを巡回している者が火元へ駆け付け、放火犯や火事場泥棒の逮捕にあたる。ただし、火元や類焼者は、よほど怪しい場合以外は、みだりに身柄を拘束

火事場に出動する武家火消
放火犯の取り締まりを行った火盗改では、火事の際の対処がマニュアル化されていた。

しない。事務方の与力・同心は役所へ詰め、長官不在の役所の警戒にあたり、火事場が近ければ重要書類の持ち出しの準備を行う。役所詰の同心のうち手空きの2〜3人は火元へ駆け付ける。

以上が火事の際の対処マニュアルだが、もし与力・同心の自宅近くで火事が発生した場合は出勤する必要はなく、勤務中であれば届出の上で帰宅が許された。幕府は、放火犯を逮捕した者には銀30枚の報奨金を出していたため、与力・同心は特に放火犯の召し捕りに力を入れたという。

平蔵は火災への対処法においても工夫をしている。火事場に向かう際には高提灯を掲げ、速やかに現場に駆け付けたのだ。現在のパトカーの赤色灯のようなものだろう。この高提灯は平蔵がいない場合でも掲げられたため、「もう長谷川平蔵が出馬したのか」と驚いた者も多かったという。

実録・鬼平の逮捕劇

制約が多かった火盗改の犯罪捜査

『鬼平犯科帳』では、与力や同心が江戸市中を巡回し、盗賊団の逮捕となれば夜間であっても、その任にあたる様子が描かれている。実際に召捕方廻方の与力や手付同心は昼夜を問わず市中を巡回した。その際の服装は、基本的に袴を着けない着流し姿である。巡回は、吉原遊廓、堺町・葺屋町《ふきや》・木挽町《こびき》などの芝居小屋、相撲興行場、花火会場など、人が多く集まる場所が重点的に行われた。芝居町への臨検は客に迷惑をかけないよう、1人か2人が中に入り、ほかの者は外で待っていたという。

火盗改は幕府軍の先陣を務める戦闘部隊である御先手組から採用されている。三奉行の行政範囲が明確に定められている中で、馬や船による移動も自由が与えられ、関東周辺の捜査・捕縛権の自由裁量が認められた。賊が抵抗すれば切り捨てることも許可されており、取り調べも行った。

『徳川幕府刑事図譜』捕縛の図
明治大学博物館 所蔵
放蕩生活の経験から江戸の闇社会に通じていた長谷川平蔵は、幕閣が嫌う差口奉公を使用して捜査を行い、高い検挙率を誇った。

武力と機動力を持った特別警察だった火盗改だが、アメリカのFBI（連邦捜査局）のように自由に捜査できるわけではなかった。『鬼平犯科帳』では、与力・同心が犯人を慎重に追跡し、盗人宿《ぬすっとやど》（アジト）を特定したのちに人数を揃えて踏み込むシーンが多くある。実際の捕物でも安易に踏み入ることはなかった。例えば、追跡中の犯人が町家に逃げ込んだ場合は踏み入って逮捕することができたが、捜査の結果判明した犯人がいる家屋に踏み入る場合には、町役人が随行することになっていた。

江戸とその周辺の関東八州の治安の担当は細かく決められており、町人地や寺社門前町は町奉行、江戸の寺社境内や江戸以外の寺社門前町、僧侶や社人などは寺社奉行、幕府直轄地の天領は勘定奉行と配下の代官の管轄だった。このような分担制度の弊害から、特別警察である火盗改が生まれたわけだが、行政権が無いために制約も多かったのである。
例えば、町家や百姓家で賭博が行われていた場合、発見次第、賭場への踏み込みができた。しかし、武家屋敷や寺院などでの博打は、町奉行所や寺社奉行所の管轄のため、辻《つじ》番所（武家地の警備をする番所）に武家屋敷の主の姓名と役職を確認し、長官の指示を待つことになっていた。武家屋敷や寺院に犯人とおぼしき怪しい人物がいる場合にも、安易に踏み入ることはできず、同様の手続きが必要だった。江戸府外を巡回する場合は、勘定奉行に通知する必要があり、勘定奉行から巡回地を管轄する代官に連絡された。

『徳川幕府刑事図譜』賭博の図
明治大学博物館 所蔵
博打の取り締まりは火盗改の管轄であり、町家や百姓家で賭博が行われていた場合、現行犯逮捕できたが、武家屋敷や寺社などでは管轄が異なるため、長官の指示を仰いだ。

『鬼平犯科帳』では、馬に乗った鬼平や提灯を掲げた捕物衆による大立ち回りが描かれているが、実際の捕物では関係省庁への事前の調整が必要な場合も多かったようだ。こうしたさまざまな制約がある中で、多くの犯罪者を逮捕した長谷川平蔵は稀代の長官だったといえるだろう。ここでは、平蔵が実際に逮捕した大盗賊の逮捕劇を見てみよう。

真刀徳次郎《しんとうとくじろう》の大捕物

特別警察・火盗改の面目躍如

真刀（神道）徳次郎は、数十人の武装強盗集団の巨魁《きょかい》である。東北や関東一円を荒らした広域犯罪集団のため、町奉行や代官などでは手に負えず、火付盗賊改の出番となった。『幕府時代届中渡抄録』によると、徳次郎の犯行は大胆不敵で、「道中御用」という絵符を立て、帯刀した幕府役人に変装し、百姓家・町家・寺などに押し入った。金銀銭や衣類反物などを奪い取り、僧侶や百姓を殺傷するという凶悪な賊だった。また残忍なだけでなく、火縄を使って錠前の部分を焼き切るなど、高い犯罪技術も持っていた。徳次郎は盗んだ物を手下に命じて、古着屋や市場で売り払って現金化し、部下に分配した。一味はこの金を酒や遊びで散財したという。

寛政元年（1789）3月、徳次郎らは現在の北大宮駅近くの四恩寺の境内にある閻魔堂に潜伏していたところを捕縛された。捕縛当時、徳次郎がみすぼらしい身なりをしていたので、平蔵は新しい着物を与えてやったという。徳次郎は、町中引廻しの上、大宮宿で斬首され、その首は3日間晒された。

ワイド版『鬼平犯科帳』第1巻「鬼平犯科帳」
江戸の人々を恐れさせた凶賊「野槌の弥平」一味は、火盗改に就任した長谷川平蔵に盗人宿を踏み込まれて捕縛された。

人々を恐れさせた徳次郎を捕縛したことで、平蔵の火盗改としての能力が世間に知れ渡った出来事である。ちなみに大盗として名を馳せた真刀徳次郎は、のちに歌舞伎で義賊として演じられるようになった。『鬼平犯科帳』に描かれることはなかったが、同じように広範囲にわたって「急ぎ働き」をする凶賊がたびたび登場する。『鬼平犯科帳』の記念すべき第1話「唖《おし》の十蔵」に登場した「野槌《のづち》の弥平」もまた、幼い少女まで家人を皆殺しにする凶賊として描かれており、このような犯罪集団に対抗するために平蔵が抜擢されたことが紹介されている。

葵小僧《あおいこぞう》の大捕物

徳川将軍家の権威を利用した凶賊

『鬼平犯科帳』では、「人を殺めぬこと、女を手込めにせぬこと、盗まれて難儀をする者へは手を出さぬこと」という盗みの三ヶ条を守らず「畜生働《ちくしょうばたら》き」を行う盗人が多い。「妖盗葵小僧」に登場する葵小僧も、殺しや強姦を好んで行う「畜生働き」の凶賊である。この葵小僧は実在した。徳川将軍のご落胤《らくいん》を自称し「葵丸」と名乗ったという。松平定信の自伝『宇下人言《うげのひとこと》』によると、寛政3年（1791）に一夜のうちに何軒も大店が襲われる被害が1～2ヶ月以上も続いた。葵小僧の一味は、少女から大年増まで必ず陵辱するという凶悪な盗賊団だった。

そこで、火付盗賊改をはじめとする御先手組全36組が総動員され、厳戒態勢で葵小僧の捕縛作戦が展開された。そして、三つ葉葵の駕籠行列が通ったルート上の大店が被害に遭っていることが判明し、一味はことごとく捕らえられた。葵小僧は移動の際に徳川将軍家の三つ葉葵の御紋が入った立派な駕籠に乗り、徒士侍や中間《ちゅうげん》（奉公人）を揃えた行列で移動していたのである。

夜が明けたら、盗賊改メに
届けでるがよい！ なにせ
〝葵の紋所〟の大盗賊！
鬼平とて捕える
事は、叶《かな》うまい
とな！
ほーっ
ほほほ
……………

ワイド版『鬼平犯科帳』第3巻
「妖盗葵小僧」
葵小僧は長谷川平蔵が捕らえた実在の盗賊で、徳川将軍家のご落胤を名乗り、押し入った家の女性を陵辱した。

ところが、これほど世間を賑わせたのにもかかわらず、葵小僧についての記録はほとんど残っていない。それは葵小僧が捕縛からわずか10日間で獄門に処されたためだ。このような短期間での一件落着は、江戸時代全期を通じて唯一の例である。平蔵は通常の捕縛の場合、慎重に詮議したが、葵小僧の事件では、多くの性被害者がいた。もし、細かく詮議をすれば、女性たちが受けた性被害について公式の記録に残り、いずれ白日の元に晒されてしまう。異例のスピード判決は、性被害にあった女性たちにさらなる苦しみを与えないようにという平蔵の温情によるものだったといわれる。

実録・鬼平の逮捕劇 3

偽《にせ》田沼家家臣の大捕物

善行を行って身分を隠した盗賊

『鬼平犯科帳』の「土蜘蛛《つちぐも》の金五郎」では、貧しい者から金を取ることなく、腹一杯飯を喰わせる茶屋を営む盗人が登場するが、同じように盗人であることを隠して善行をした盗人が存在した。

長谷川平蔵の屋敷があった本所には、元田沼家の家臣を自称する浪人が剣術道場を開いていた。天明6年（1786）に権勢を誇った老中・田沼意次が失脚すると、田沼家は家禄を大幅に削減された上で転封となった。そのため、元田沼家の浪人は珍しい存在ではなかった。この道場主は、貧しい者に銭や米を施し、人々から讃えられていた。しかし、平蔵はこの道場主を怪しみ、捕縛して調べたところ、経歴を偽った大盗賊だったことが判明したという。

ワイド版『鬼平犯科帳』第13巻「土蜘蛛の金五郎」
貧しい者を援助する茶屋を営む「土蜘蛛の金五郎」は裏では盗賊団の頭領だった。怪しんだ平蔵は茶屋の捜査を開始する。

実録・鬼平の逮捕劇 4

大松五郎《だいまつごろう》の大捕物

江戸の人々を震え上がらせた盗賊

『鬼平犯科帳』の「消えた男」では、多くの手下を使って江戸市中で20件近くの「畜生働き」をした凶賊「蛇骨の半九郎」が登場するが、同じように江戸中を恐れさせた大盗賊がいた。『宇下人言』には、寛政3年（1791）に大松五郎を逮捕した記事もある。

ワイド版『鬼平犯科帳』第9巻「消えた男」
長谷川平蔵の前任者である堀帯刀が火盗改の時代に江戸を荒らした「蛇骨の半九郎」は7年ぶりに江戸に戻り、平蔵に捕縛された。

大松五郎は多くの手下を率いて江戸の広範囲を荒らし、現れた時間帯も宵《よい》の口から明け方まで神出鬼没の怪盗である。一夜に2〜3ヶ所に続けざまに押し入ることもあり、50以上の被害があった。また押し入った先で人殺しも行ったため、江戸の人々は、犬の鳴き立てる声を聞いただけで強盗が来たと勘違いをして半鐘を鳴らした。長谷川平蔵は、与力・同心・密偵を総動員して大松五郎の所在を突き止め、一味をことごとく捕縛した。

実録・鬼平の逮捕劇 5

早飛《はやとび》の彦《ひこ》の大捕物

火消の立場を利用して盗みを指示

『鬼平犯科帳』の「白と黒」には、翻筋斗《もんどり》の亀太郎という盗賊が、軽業《かるわざ》一座で鍛えた身の軽さで、火付盗賊改の捕縛から逃れたが、同じような特技を持った盗賊が実在した。江戸の街を類焼から守る火消は鳶《とび》職の者が多かった。早飛の彦という盗賊は、臥煙《がえん》と呼ばれた火消人足であり、この異名のとおり、屋根の上を次から次に飛び回ることができたという。

早飛の彦がなかなか捕らえられなかったのは、赤坂にあった火消長屋に住んでいたからだ。火消は火盗改に協力する存在であり、火消長屋は捜査の手が及びにくい場所だった。早飛の彦はこれに乗じて、火消長屋から約150人いる手下に指示を出して、押し込み強盗を働かせていたのである。

長谷川平蔵は、早飛の彦が吉原の遊廓に身を隠していることを突き止めると、早飛の彦は板橋宿へ逃げ、さらに駕籠で逃走しようとするところを捕らえられた。捕縛された早飛の彦は、取り調べに対して「頭目の自分が捕縛された以上、もはや誰も大した悪事

ワイド版『鬼平犯科帳』第31巻「白と黒」
「翻筋斗の亀太郎」は劇画では「飛猿の鯉太郎」の名で登場する。実在した「早飛の彦」と同様に軽い身のこなしが描かれている。

はしないだろうから、手下たちは放っておいてやれ」と語ったという。

この早飛の彦のように、捕方に囲まれた盗賊が屋根伝いに逃げるシーンが時代劇にはたびたび登場する。実は江戸時代の町や長屋の入り口には、「木戸」と呼ばれる柵が設けられており、夜になると閉じられてしまった。そのため、基本的に夜間に移動できるのは木戸が無い大通りのみとなってしまい、盗人が捕方から逃げることは難しい。そのため、屋根の上を逃げたのである。

コラム

鬼平が解決した最後の事件

火付盗賊改の長谷川平蔵は、冬から春にかけて浅草の御米蔵などを巡回するようにたびたび命令を出すなど、防火対策にも力を注いだ。平蔵がかかわった最後の事件も火災関連である。

寛政7年（1795）、下渋谷村の宝泉寺で火災が発生。長谷川平蔵がこの火災の捜査にあたった。やがて、この火災は宝泉寺の僧侶・竜光による放火であることが判明した。ところが、この竜光の精神は錯乱状態になっており、その行いは幼児にも劣っていたという。寺における放火事件のために裁くのは評定所となる。平蔵の上申書を元に下された判決は、父親・源蔵や親戚一同に竜光の身柄を預けて押込め（禁錮）という軽いものだった。

これが平蔵のかかわった最後の事件であり、その後間もなく平蔵は病に倒れた。5月16日に8年間にわたって勤めた火盗改の職を辞すると、わずか3日後の19日に50歳で死去した。『鬼平犯科帳』では体を壊す平蔵の姿がたびたび描かれているが、長年の激務がたたったのは想像に難くない。

第2章
大江戸八百八町・捕物尽くし

時代劇でお馴染みの町奉行所は単なる警察機関ではなく、行政と司法をも網羅した強力な権力を持った組織だった。そのため、町奉行所の仕事内容は火付盗賊改に肩を並べるほど多忙だった。八百《はっぴゃく》八《や》町《ちょう》と呼ばれた江戸の治安を守る町奉行所の組織と任務を見てみよう。

町奉行が扱った訴訟件数は年間約5万件

❖1600町を超えた超巨大都市・江戸

火付盗賊改が盗賊や放火犯の取り締まりや捕縛に特化した機関だったことに対して、町奉行の職務は広範に渡る。それは町奉行が江戸の街の行政を担う存在だったからである。町奉行が担当した町方は、「江戸八百八町」と謳《うた》われるが、これは実際に808の町があったわけではなく、大きな数の形容だ。江戸の町人地の基本単位である「町」は、現在の行政区画とは意味合いが異なる。京間《きょうま》60間《けん》（約118メートル）四方の正方形を基準寸法として、町割が行われた。延宝年間（1673〜1681）には、江戸の原型がほぼでき上がり、この頃にすでに町の数は808を超えたと見られる。正徳3年（1713）には、総町数が933となった。人口は100万人を超え、ロンドンやパリに劣らぬ大都市に成長した。そして、延享年間（1744〜1748）には、総町数が1678に達した。

町奉行の管轄エリア

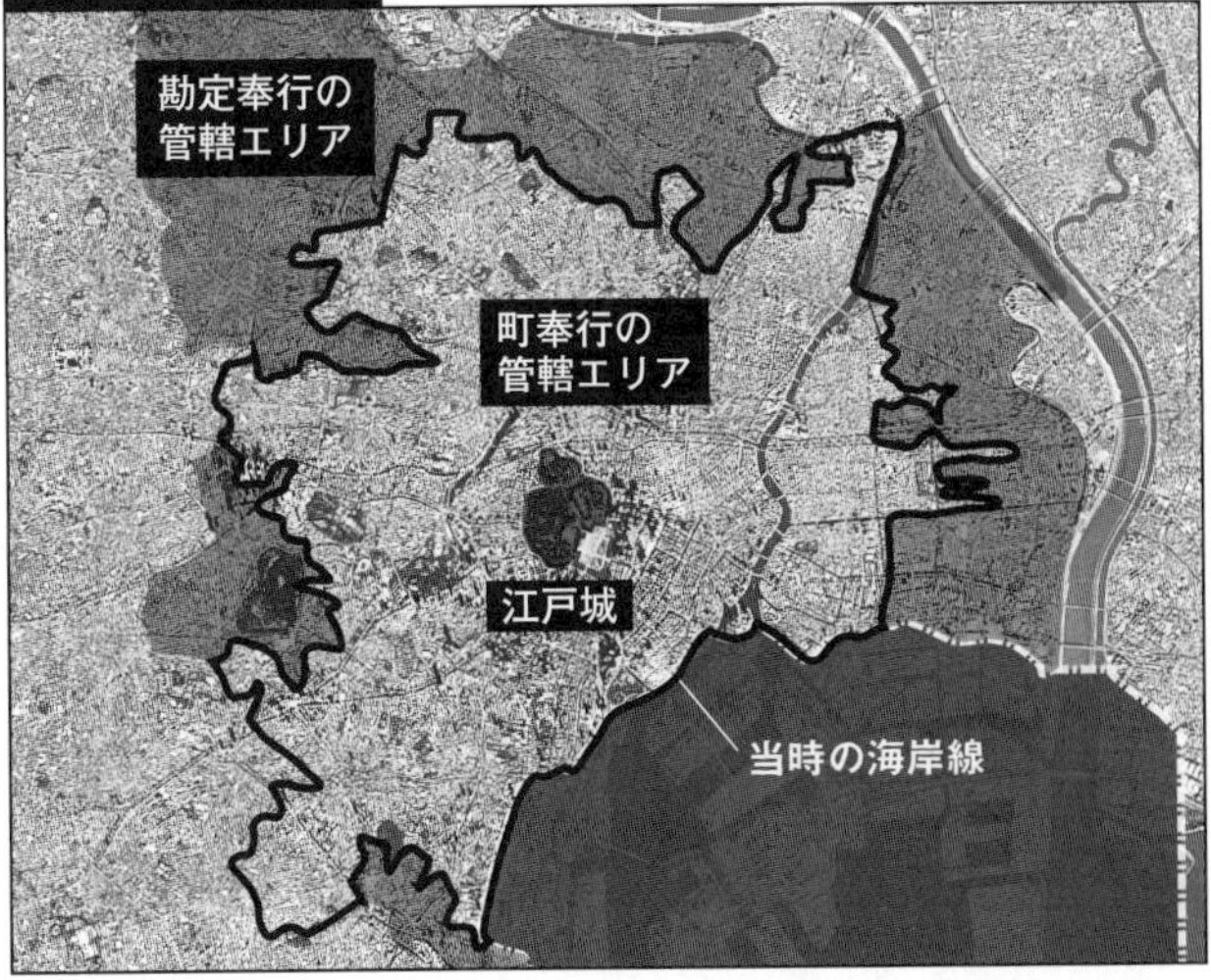

一方で、江戸がどこからどこまでの範囲なのかは、幕府の役人ですら曖昧《あいまい》だった。江戸の支配系統も複雑で、町人地は町奉行、寺社地は寺社奉行、武家地は大目付や目付と、土地によってバラバラだった。町奉行所は江戸市中の民政の一切を司《つかさど》り、行政・司法・警察を兼ねる重要なポジションだったが、寺社地や武家地には町奉行所不可入の原則があり、権限が及ばなかった。そのため、「町奉行所の管轄区域＝江戸の範囲」というわけではなかったのだ。

江戸の町人地で起きた御用や訴訟は町奉行が、幕府の直轄領で起きた訴訟は勘定奉行が、寺社と関八州以外の私領の訴訟は寺社奉行所が担当した。これら三奉行は、幕府の最高裁判機関である評定所に列席して合議に加わった。『鬼平犯科帳』でも長谷川平蔵が、火盗改の権限の範囲を超える案件を「御仕置伺い」として老中に提出し、三奉行などが話し合って判決を決めるシーンがたびたび描かれている。

確定した町奉行所の管轄範囲

都市化が進む江戸の街に対して、三奉行の組織の基本構造に変化はなかった。そのため、江戸の範囲＝管轄エリアについての解釈はさまざまで、行政上の支障をきたすようになった。そこで文政元年（1818）8月、目付の牧野助右衛門から、「御府内外境筋之儀」についての伺いが出された。

同年12月、老中の阿部正精《まさきよ》は幕府の公式見解として、江戸の絵図に赤い線を引き（朱引）、江戸の行政範囲を確定させた。これによって、北は荒川・石神井川の下流（千住・板橋周辺）、東は中川（平井・亀戸周辺）、西は神田上水（代々木・角筈《つのはず》周辺）、南は南品川宿を含む目黒川（品川周辺）までが、江戸の御府内に定められた。現在の行政区画でいえば、千代田区・中央区・港区・文京区・台東区のほぼ全域、新宿区や江東区、品川区、北区、豊島区、墨田区、渋谷区、板橋区、荒川区は一部までが江戸の範囲内だった。

これが幕府開設以来初めて正式に示された江戸の範囲で、内側は「朱引内」、外側は「朱引外」とも呼ばれた。

朱引の内側には黒い線が引かれ（墨引）、内側を町奉行所の管轄範囲として確定させた。墨引はほとんどが朱引の内側にあったが、目黒の近辺だけ朱引の外側に墨引が出ている箇所があった。明治維新後の明治2年（１８６９）に新たな朱引を定め、内側を「市街地」、外側を「郷村地」とした。これは、明治11年（１８７８）の郡区町村編制法の施行まで続いた。

では、町奉行の管轄範囲が最大化した19世紀初頭、どれだけの案件を抱えていたのだろうか。享保3年（１７１８）の町奉行の訴訟総数は、４万７７３１件にのぼったことが記録に残っている。このうち金銭訴訟は３万３０３７件を数え、全体の約7割に達していた。一方、江戸町奉行所がこの年に処理できたのは、１万１６５１件である。実に３万件以上はペンディングされ、次年度に回されてしまっていたのである。

つまり19世紀初頭は江戸の都市化が進んだことから、各行政機関の管轄範囲が不明瞭だった時期といえる。町奉行も民事の訴訟を多数抱えて、犯罪捜査に手が回らない状況だったことがわかる。長谷川平蔵や後述する『仕掛人・藤枝梅安』の物語は、マンモス都市となった江戸において、行政の目が届かない闇が最も広がった時代が舞台となっているのだ。

町奉行所の組織構成

町奉行所の捜査員はわずか13人

『鬼平犯科帳』では、火付盗賊改に協力的な南町奉行と、長谷川平蔵をライバル視する北町奉行という対照的な2人の町奉行が登場する。北町奉行所と南町奉行所は管轄範囲が北部と南部を意味しているのではなく、単に奉行所の位置によるものだ。南町奉行所と北町奉行所は月番制を取っていた。『鬼平犯科帳』では、南町奉行所と北町奉行所が月ごとに交互に捜査を行い、北町奉行所の月番の際には、事件解決が難しいと考えた庶民が訴えを控える様子が描かれている。実際の月番は民事訴訟である「公事《くじ》」の受付を担当していたに過ぎず、刑事事件については月番にかかわらず捜査にあたる必要があった。

時代劇では、町奉行所は捜査機関、裁判所として描かれることが多いが、実際には社会問題への対処や物価の調整、民事訴訟の解決、防災などを担った組織であり、犯罪捜査や捕物は業務のごく一部でしかなかったのである。

広範囲にわたる業務にもかかわらず、町奉行所の組織はそれほど大きくない。南北の町奉行所に配属されたのは、25騎の与力と120人ほどの同心である。これほどの少人数で、現在の東京都庁、東京消防庁、警視庁、裁判所の業務をすべて網羅していたことになり、いかに町奉行所の仕事が激務だったかがうかがえるだろう。

同心の中でも、市中の治安維持と犯罪の取り締まりのための見廻りを行う同心は「町《まち》廻《まわり》」と呼ばれた。町廻は職務内容によって3つに分かれる。犯人を捕縛せず、犯罪の裏付け調査や証拠集めを行う「隠密廻」、市中を巡視して法令の施行を視察し、犯人の捜査や逮捕を行う「定《じょう》廻」、定廻を長年務めたベテランで後任の定廻を指導・補佐した「臨時廻」がいた。町廻の同心は、厳格に受け持ち地域を決められており、その地域担当は世襲された。そのため三廻は与力の配下ではなく、町奉行の直属となった。

ところが町奉行所の管轄範囲は拡大し続け、また都市部に流入する無宿や浪人などによって、盗賊や放火犯が増加・悪質化した。そのため、複雑化・広範囲化する犯罪に対処することが難しくなり、火付盗賊改がつくられることになったのである。

『鬼平犯科帳』では、火盗改が逮捕した者を拷問したり、犯人を捕縛時に斬り捨てたりするシーンがたびたび描かれている。ところが、こうした強硬手段は火盗改のみに許

町奉行所の組織構成（兼務含む）

役職		役割	人員	
			与力	同心
内与力		町奉行の秘書的な役割。町奉行の家臣が就任	5	
組役	年番方	奉行所全体の管理、人事、出納など	2	6
内役	吟味方	民事訴訟の審理、刑事事件の吟味、審査、刑の執行	8	6
	赦帳方・撰要方・人別調掛	囚人の罪状調査、人別調査など	3	6
	例繰方	判例の記録調査、資料作成	2	6
外役	本所見廻	本所・深川地域の管理	1	3
	養生所見廻	小石川養生所の管理	1	3
	牢屋見廻	伝馬町牢屋敷の取り締まり	1	3
	定橋掛	幕府普請の橋の管理	1	2
	町会所見廻	市中の町会所の事務管理	2	3
	猿屋町会所見廻	蔵前の札差を監督	1	2
	古銅吹所見廻	古銅吹き替え業務の監督	1	1
	高積改	河岸の防火用の堤防代わりの荷の高さを監視	1	2
	町火消人足改	町火消の消火活動を指揮	3	6
	風烈見廻	強風時に巡回し火事の警告	2	4
	人足寄場定掛	石川島人足寄場の監督	1	2
三廻（町廻）	隠密廻	市中を巡回する密偵のような役割		2
	定廻	犯罪捜査、犯人逮捕		5
	臨時廻	定廻の補佐		6

可されていたものだった。町奉行所では犯罪者は生きたまま捕らえるのが基本で、むやみに拷問することもできなかった。

民間の行政と治安維持を担った名主

南北の町奉行所で「町廻」を中心にそれぞれ20人ほどしかいなかった治安担当の同心だが、それでも江戸が一定の治安を維持できたのは、件数の多い民事の問題は民間で解決が図られる仕組みがあったからだ。今日では、行政機関は住民のために奉仕する「公僕」だが、江戸幕府の武士は特権階級であり、基本的に幕府が管轄するのは武士が中心となる。そのため、民間では「名主」と呼ばれる町役人が問題解決にあたった。名主は町人だが、苗字帯刀が許され、代々世襲で務めた。

町奉行の役宅で月3回行われる内寄合（連絡や訴訟の詮議を行う場）には、町年寄（町役人のトップ）が呼ばれた。町触れなどを通達された町年寄は、江戸市中に23組ある名主組合の町名主を自分の役所に集めて通達する。町名主はさらに家主、地借（借地人）、店借（借家人）といった町人にこれを伝えた。この町触れも、町奉行からの上位下達ではなく、町年寄りや町名主がまとめたものを町奉行が承認して、下達される仕組みであり、町人は自治的な暮らしを営んでいたのである。

江戸時代の交番・自身番と木戸番

盗賊たちが屋根の上を逃げる理由

民間の手による自治組織が形成されていた江戸の街だが、その治安を担ったのが各町の自警組織だった。『鬼平犯科帳』にもたびたび「番屋」が登場するが、これは町役人の中に怪しい者がいないか見張るための詰め所のことで、「自身番屋」と呼ばれた。

もともとは地主が「自身番」として警固にあたったが、やがて町屋敷の表店《おもてだな》・裏店《うらだな》（長屋）を管理する家主（大家）が詰めるようになった。犯罪者や不審者を取り押さえた時はとりあえず自身番屋に拘束し、尋問などを行った。町には火《ひ》の見櫓《みやぐら》が設置されていることが多く、火事をいち早く知らせるための火の見梯子《ばしご》や半鐘《はんしょう》も備えていた。交番だけでなく、消防署の役割も兼ね備えていたのだ。自身番屋は町奉行所の仕事の補完機関として機能したのである。

また当時の町や長屋の出入り口には、防犯・防火のために「木戸」が設置されていた。町内で雇った「木戸番」が住み込みで管理し、木戸を往来する人の確認を行った。木戸の開門は明六ツ（午前6時頃）、閉門は暮四ツ（午後10時頃）で、門限が来ると閉められた。木戸が閉まっている間は、急用の医者と産婆（助産師）以外の通行は禁じられた。しかし、どうしてもやむを得無い場合は、木戸番に理由を話して、木戸の左右に設けられた潜戸《くぐりど》から通してもらった。街灯もない時代、それだけ用心しないと治安は守れなかったのだ。時代劇では盗賊が屋根を伝って逃げるシーンがあるが、これは道が木戸で封鎖されていたからでもある。

木戸番の賃金は安かったので、草鞋《わらじ》やろうそくなどの日用品、子ども向けの駄菓子やおもちゃなどを売ることが認められていた。また、近隣の町人や子どもとも知り合いになれるので、不審者の発見にいち早く気付けるという利点もあった。ほかにも、木戸は何かを告知したり、宣伝をするスペースとしても活用された。ただし、『江戸名所図会』などの絵には、すべての木戸に扉が備わっていたわけではなく、門だけだった様子も描かれている。

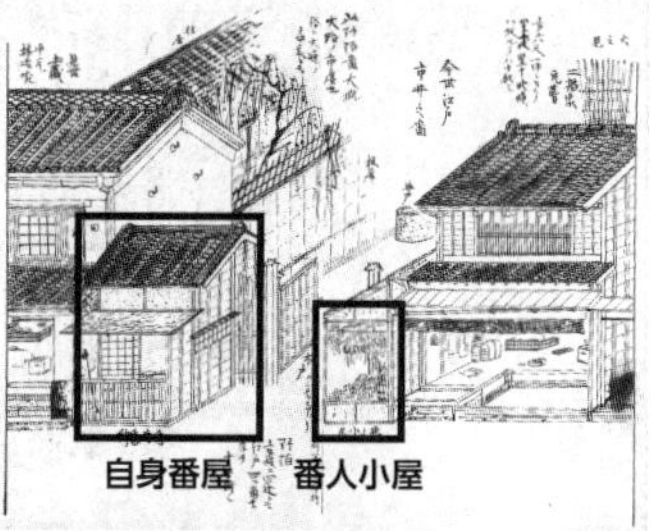

『守貞謾稿』自身番屋

自身番屋は地域の治安を守った自身番の詰め所で、通りを挟んだ向かいには道行く人を監視する番人小屋が描かれている。

通り魔殺人を防止した辻番

約900ヶ所設けられた人斬り監視小屋

町民のエリアには自身番や木戸番が置かれたが、江戸の街の6割を占める武家地の辻（交差点）には、「辻番」が置かれていた。まだ戦国時代の名残がある江戸時代初期、武士が刀の斬れ味を試すためや剣術の向上を図るために、何の罪も無い人を殺傷する辻斬りが横行した。このため幕府は、寛永6年（1629）、辻斬りを取り締まるために大名や旗本に警備施設を設けるように命じた。こうして武家屋敷の周囲に置かれた見張り小屋が辻番の始まりである。

辻番には、幕府が設置した「公儀御給金辻番（公儀辻番）」、大名が設置した「一手持《いってもち》辻番」、近隣の大名や旗本が共同で設置した「組合辻番」などがある。当初は武家が直接運営にあたったが、辻番の大部分を占める旗本では維持することが難しく、17世紀後半には町人がその役を請け負うようになった。

『鬼平犯科帳』には盗人から依頼を受けて「おつとめ（盗み）」を手伝わせる別の盗人を斡旋する「口合人《くちあいにん》」が登場する。また『仕掛人・藤枝梅安』でも、依頼者より殺しを請け負って暗殺者を手配する「蔓《つる》」という仲介者が登場する。いずれも池波正太郎の造語だが、実際に江戸時代には「人宿」や「口入れ屋」などと呼ばれる人宿（人材派遣業者）が存在した。辻番もこの人宿の斡旋によって武士以外の者が配置されるようになった。

18世紀初頭に著された『政談』には、農村から江戸に入り武家で奉公人をしていた者が、年老いて故郷に帰れなくなり、辻番に雇われたとある。幕末の事例では、辻番の給金は1年で9両となっている。このうち人宿が手数料をピンハネするので、辻番を務めた請負人の給料は決して高くはなかった。町人による運営下では、60歳以上の老人が詰めたり、番所内で博打が行われるなどしたため、しばしば幕府による指導が入った。

『鬼平犯科帳』では、頻繁に殺人事件が起きているが、これは物語上のものだけでなく、実際に当時の江戸の街には、行き倒れや変死体が多かった。そのため、辻番では互いの受け持ち地域の境界に死体があった場合、死体の足がある方の地区が担当することになった。また心中死体の場合は、男は左足、女は右足のある地区が引き受けることになっていたという。死体は藩邸などを通じて幕府目付に届けられ、関係者が出て来なければ寺に葬らなければならなかった。

超過酷だった町奉行所の仕事

激務とストレスから過労死も続出

長谷川平蔵は、自ら街を巡回するなど、直接、現場に足を運んでいるが、町奉行は大事件の場合などを除いて現場に出動することはほとんどなかった。月番の奉行所は明六ツ（午前6時頃）に門を開く。当番方の与力が次々にもたらされる訴訟を受け付け、町奉行はこれらの膨大な書類に目を通すなどの職務を行う。明四ツ前（午前10時頃）には江戸城に登城し、勘定奉行、寺社奉行、大目付、遠国《おんごく》奉行らとともに本丸御殿に詰め、ほかの奉行と折衝をしたり、上司である老中の指示を仰いだ。

非番の月には登城はないが、職務は基本的に変わらず、受理した訴訟の処理などを行う。町奉行が個々の訴訟について調査することはなく、吟味方与力の中から担当を決めて取り調べを命じた。また南北両町奉行は、月番の奉行所に集まり、事務連絡や訴訟について話し合う「内寄合」を月3回開いた。

町奉行の官位は、小大名や大身の旗本と同じ従五位下で格式は高かった。役高は享保8年（1723）に定められた「足高《たしだか》の制」により、3000石となっている。町奉行は高い能力を求められるため、1000石に満たない旗本が抜擢されることもあり、在職中は禄高の差額分＝足高が支給された。

町奉行の職は激務で、忙しい時は夜中まで書類に追われる。さらに将軍が能を見学する行事「町入能《まちいりのう》」では、名主・家主ら約5000人の入城が許され、町奉行の良し悪しを自由に口にすることが許された。町奉行はプレッシャーがかかるストレスフルな役職だったのだ。そのため、短期間で交代する者や在職中に死去する者も多かった。『鬼平犯科帳』に登場する北町奉行・初鹿野河内守は実在の人物で、町奉行在職中に死去している。

大岡忠相のように20年近くにわたって町奉行を務めた例もあるが、おおむね2～3年、長くても5～6年で異動することになった。現在でいうところのキャリア官僚のようなものだ。

一方、与力や同心は昇進することはないが、実質的に世襲となっており、職務に関するスペシャリスト集団だった。町奉行は、主に幕閣や関係部署との調整や折衝が主な役割といっていいだろう。

江戸治安組織の1日

役得によって裕福だった与力

町奉行所の与力の俸禄は平均200石で、任務により御役金が支給された。禄高から見れば旗本クラス（将軍に御目見えできる身分）だが、与力は将軍に謁見を許されない「御目見え以下（御家人）」とされた。その理由は、百姓や町人を扱う身分であり、処刑を行うのは上級武士がすることではないと考えられたからだ。200石の旗本の暮らしは苦しかったようで、中間などを雇わなかった者も多く、また騎馬の格だが馬の維持も大きな負担だったようだ。

一方、奉行所の与力は御目見え以下ではあるが、実質的に町奉行所の業務を担っているため、諸大名や幕臣、寺院、大店の商家などからの付け届けが多かった。大名家からの頼みごとで働くことも多く、大名家から支給される金銭や季節の頂戴物は「御出入り」と呼ばれ、なかば公認の役得だったという。もっとも『江戸町奉行事蹟問答』には、同心には「与力の勤惰《きんだ》、不正などを注意しても聞かなければ、奉行へ密告する権利がある」とあり、与力と同心は互いを取り締まる相互監視体制となっていたようだ。

実質的に町奉行所の警察機能を担った同心

同心の俸禄は30俵2人扶持という薄給だが、与力と同様に付け届けがあったため、暮らしは楽だったようだ。前述した「隠密廻」「定廻」「臨時廻」の三廻は同心の最高位とされ、犯人の探索と捕物を行った。定廻は、昼は明四ツ（午前10時頃）、夜は暮六ツ（午後6時頃）に中間や小者《こもの》、岡っ引などを数人連れて、自身番の番人に声をかけながら受け持ち区域を廻った。ちなみに岡っ引の下にはその手下である下っ引もいた。同心は一定のコースを何年にもわたって廻り続けることで、複雑な江戸の地理やそこに住む人々の事情にも通じるようになった。

この見廻りは、江戸時代前期に火災防止を目的として始まり、のちに犯罪や風俗の取り締まりも対象となった。隠密廻の探索の対象は、江戸の町人に限らず、町奉行所の目や耳となって武家屋敷を探り、諸国を巡ることもあった。三廻以外の同心は、上司である与力の指示に従って行動した。

三廻の同心の服装は黒の紋付き羽織で袴はつけず、刀ではなく十手と刃引き（刃が付いていない）の長脇差《ながわきざし》を身に付けた。一見武士とも町人とも判別できない格好で、将軍の外出先の警備にあたる際にも着流しで許される特権を持っていた。

わずか20人ばかりの同心で1600を超える江戸の街をカバーするのは容易ではない。ただし、江戸の街の面積のうち、武家地が6割、寺社地が2割を占めているため、管轄する町地の面積は全体の2割程度だった。また各町には自治機関があったため、小さな事件・訴訟はこの町の自治機関で処理された。

組屋敷があった八丁堀の七不思議

『鬼平犯科帳』では同心・与力が組屋敷に住んでいる様子が描かれているが、町奉行所においても同様の組屋敷があった。時代劇でもたびたび登場する八丁堀である。

江戸の街には、その地域ごとの特色を表すものとして、さまざまな「七不思議」がつくられたが、八丁堀にも七不思議がつくられた。その中には、与力と同心の日常がよくわかるものもある。例えば、「女湯の刀掛け」だ。刀掛けは風呂に入る際に刀を置く場所であるため、本来、女湯には無いはずだが、八丁堀の銭湯の女湯にはこの刀掛けがあった。江戸の街には多くの銭湯があり、江戸っ子たちに人気だった。男湯は朝から混み合うが女湯が混むのは昼から夜にかけてだった。そこで、八丁堀の銭湯では、与力・同心に朝の女湯を開放した。そのため、与力・同心は出勤前にゆったりと風呂につかった。与力・同心の女湯での朝湯は、男湯の噂話を聞くためという側面もあった。

湯上がりには、床屋で「小銀杏《こいちょう》」と呼ばれた、丁髷《ちょんまげ》部分が細く鬢《びん》の毛を一直線に剃った八丁堀風の独特な髷を結った。こうした粋な姿から、与力・同心は洒落者として、相撲取り、火消しとともに「江戸三男」と呼ばれた。

「女湯の刀掛け」に見られるように、江戸の人々は、いざという時に自らの利益に直結する与力・同心に、日頃からさまざまな便宜を図ってきた。このことから八丁堀七不思議の1つには「金で首がつながる」とある。首が飛ぶような罪であっても賄賂によって手心が加えられたことを揶揄するものである。

八丁堀は日本橋に隣接する地で、与力には300坪、同心には100坪が拝領された。八丁堀に隣接する日本橋の人々などは、与力・同心を「八丁堀の旦那」と呼んだ。そのため、八丁堀七不思議には「奥様あって殿様無し」というものがある。これは、与力・同心が邸地の一部に家を建てて住み、そのほかの土地を酒屋や医者など町の人々に貸したためで、親しみを込めて「旦那」と呼ばれた。また「殿様」は大名や旗本の敬称で、『鬼平犯科帳』でも平蔵が「殿様」と呼ばれるシーンがあるが、与力は旗本格であるにもかかわらず、旗本の下の御家人の身分だったため、「殿様」とは呼ばれなかった。

町奉行所はどのように犯人を捕まえたのか？

命がけの任務となった捕物出役

『鬼平犯科帳』では、馬に乗った長谷川平蔵や与力、同心、捕方などが盗人宿を強襲し、捕縛する様子が描かれている。では実際の捕物はどのようなものだったのだろうか。小さな刑事事件の場合は、同心が容疑者に出頭を命じるか、小者に捕縛させて自身番屋で取り調べた。軽犯罪の場合は、同心がその場で、①放免、②入牢、③町預かり（町役人に預けること）を判断した。

犯罪者の激しい抵抗が予想される場合は、『鬼平犯科帳』で描かれているように部隊を整えて出動することになる。この出動部隊は「捕物出役《しゅつやく》」と呼ばれ、犯罪者1人に対して、与力1騎、同心3～4人が目安である。このほか同心1人につき数人の小者がついた。

与力は普段は裃《かみしも》だが、出役の際は着流しとなり、丈夫な火事羽織《ばおり》と動きやすい野袴を

『徳川幕府刑事図譜』捕縛の図　明治大学博物館 所蔵
凶悪犯の場合は、捕物道具を持った大人数で囲み、梯子を狭めて取り押さえる捕縛方法が用いられた。

着け、陣笠をかぶることもあった。与力は検視（見届け人）の役割で、現場の指揮を執るが、捕物に加わることはあまりなかった。

出役の準備ができると、町奉行は与力、同心に言葉をかけて盃を交わし、正門を開かせ、出発を表玄関で見送った。町奉行の言葉は「万一命を隕《おと》すことある時は倅《せがれ》あるいは親戚へ無相違家相続せしむる間、無二念働き申べし。出役の祝儀として一盃を進す」（『江戸町奉行事蹟問答』）だったという。

生け捕りに特化した捕物道具

前線に立つことになる同心は、頭部の急所を守る鉢金《はちがね》、鎖帷子《くさりかたびら》、籠手《こて》などを着け、股引きを引き上げて履いた。刃引きした長脇差を差し、手には十手を持った。十手は相手を打ち据えたり、刀を避ける、押さえ付ける、取り上げるなどに役立つ。鉤《かぎ》の部分は「太刀もぎの鉤」とも呼ばれ、棒心で相手の刀を受けつつ刃に鉤を滑り込ませ、ひねって刀を取り上げた。捜査の時は相手に十手を見せることで身分の証にもなり、現代の警察手帳のような役割もしていた。

こうした基本装備のほかに、さまざまな捕縛道具があった。特に「三つ道具」と呼ばれ、多くの同心らが用いたのが、「突棒《つくぼう》」「袖搦《そでがらめ》」「刺又《さすまた》」である。突棒は、柄の端に鉄製金具を取り付けたもので、金具には小さな刃や針が多く埋め込まれている。袖搦は、先端が数条に枝分かれした鉄製の針を柄の端に取り付けたもの。刺股は、U字形の鉄製金具を柄の先端に取り付けたものである。「刺又」は現在も用いられていることからその有用性は確かだ。町奉行所の捕物出役では生け捕りが基本であるため、いずれも犯人の身体に押し付けて、自由を奪って捕らえる道具になっている。

犯人が立て籠っている現場に着くと、南北両町奉行所の与力は手はずを合わせ、月番は表の方、非番は裏の方を受け持ち、与力の命令で同心が踏み入った。凶悪犯の場合には、4本の梯子を「井」の字に組んで犯人を囲み、四方から捕縛道具で攻め立てた。ちなみに八丁堀には大きな道場があり、与力と同心のほか小者も剣術や柔術、十手術などを修練したという。

江戸の街を守ったリーダーたち

鬼平と並ぶ功績を挙げた鬼勘

260年以上続いた江戸時代では、長谷川平蔵以外にも江戸の治安を守り、庶民から支持された名奉行や火付盗賊改の長官がいた。火盗改が生まれた当初に大活躍したのが、中山勘解由直守《かげゆなおもり》（1633～1687）である。天和3年（1683）、連日5～9件の不審火が発生した。この時、御先手組鉄砲頭だった中山勘解由が配下の与力・同心を指揮して不審者の取り締まりにあたるように命じられた。これが火盗改の始まりとなった。

当時、放火を繰り返していた盗賊団に、鶉権兵衛《うずらごんべえ》を首魁とする一味がいた。一味は江戸市中の複数箇所に放火をして、その混乱に乗じて金銀を盗み出していた。中山勘解由は探索の末に一味を捕らえ、厳しい取り調べで罪状を自白させた。中山勘解由は拷問の一種である海老責めを考案した人物で、市中に横行する無頼者を次々に捕らえて苛烈な取り調べをして処刑したことから、「鬼勘」と呼ばれ恐れられた。中山勘解由はその後、大目付になり家柄以上の出世を遂げている。19世紀半ばに編纂《へんさん》された『青標紙《あおびょうし》』には、功績を上げた火盗改の代表として、平蔵とともに中山勘解由の名が挙げられている。

❖大岡忠相の功績とフィクションだった大岡裁き

時代劇でその名を知られる大岡越前守忠相《ただすけ》（1677〜1752）もまた実在の人物であり、平蔵はこの名奉行になぞらえて「今大岡」と呼ばれた。徳川幕府では、一度知行高を与えるとその子孫が引き継いでいくために、歳出がどんどん増えていってしまう。そこで8代将軍徳川吉宗は、役職の在任中のみ知行高を上乗せする「足高の制」を定めた。家格がそれほど高くなかった大岡忠相が、要職である町奉行に抜擢されたのも足高の制の成立の契機となった人事といえる。享保2年（1717）、大岡忠相は41歳の若さで南町奉行に抜擢されると、米価安定のための貨幣の

歌舞伎で演じられた大岡忠相
大岡裁きで人気となった大岡忠相は、歌舞伎などの演目として人気を博した。

改鋳、問屋制度の改革、町火消「いろは四十七組」の創設、貧窮者の施療施設である小石川養生所の開設など、江戸庶民のためのさまざまな施策を推し進めた。

大岡忠相といえば、明快かつ人情味のある「大岡裁き」で知られる。「大岡政談」（大岡忠相の裁判集の総称）には、大岡裁きのエピソードが87話あるが、実際に大岡忠相が裁いたものは「白子屋お熊」の1件のみである。そのほかは中国の古典などにある話を元にした創作がほとんどだ。「大岡政談」は江戸の人々の大岡忠相への敬慕を表したものといえるだろう。元文元年（1736）、大岡忠相は60歳で1万石の大名格となり、三奉行筆頭の寺社奉行に栄進した。

御家人から町奉行への異例の昇進

長谷川平蔵が火盗改だった同時期にいた人物に根岸肥前守鎮衛《しずもり》（1737〜1815）がいる。根岸鎮衛は旗本ではなく150俵取りの御家人だったが、勘定方として能力を発揮して旗本に取り立てられ、老中・松平定信の時代には勘定奉行に抜擢された。根岸鎮衛は勘定奉行を11年間務めると、寛政10年（1798）に62歳で南町奉行に就いて17年もの間勤めた。ちなみに平蔵は寛政7年（1795）に亡くなっているため、根岸鎮衛が南町奉行として『鬼平犯科帳』には登場することはなかった。ちなみに『仕掛人・藤枝梅安』の時代設定における南町奉行にあたる。

根岸鎮衛は多くの判例を残したが、その名を高めたのは「め組の喧嘩」である。文化2年（1805）、芝神明宮《しばしんめいぐう》で相撲取りと町火消「め組」の鳶が大乱闘を起こした。相撲興行を行う寺社を管轄する寺社奉行とともに、町火消を管轄する町奉行・根岸鎮衛が裁いた。この騒動はのちに歌舞伎「神明恵和合取組《かみのめぐみわごうのとりくみ》（め組の喧嘩）」となった。根岸鎮衛は大岡忠相や遠山景元《かげもと》とともに、江戸庶民に人気の高かった町奉行である。

庶民の味方となって老中に対抗した奉行

「大岡越前」とともに時代劇のヒーローとして知られる「遠山の金さん」こと遠山左衛門尉《さえもんのじょう》景元（1793～1855）は実在の人物である。遠山景元の前半生はよくわかっておらず、放蕩無頼の暮らしをしていたともいわれる。

遠山景元は、天保11年（1840）に北町奉行となった。当時の老中・水野忠邦《ただくに》は天保の改革を進め、南町奉行の鳥居耀蔵《ようぞう》とともに江戸庶民に倹約と風俗取り締まりを強制したが、庶民に寄り添った遠山景元はこれに反対して緩和を求めた。天保12年（1841）には、鳥居の進言によって水野から芝居小屋・寄席の廃止の命が出されるが、遠山景元は芝居小屋を移転・縮小させて継続させた。これによって、芝居に遠山景元を称賛する演目が上演されるようになった。天保の改革に反対する遠山景元は、北町奉行を3年で解任され、大目付となった。

天保14年（1843）、天保の改革の失敗により、水野が失脚し、次いで鳥居も罷免されると、遠山景元は現場に復帰し、南町奉行に任じられて7年間務めた。人々から敬慕された遠山景元は、「南町の大岡越前」と対比して、「北町の遠山金四郎（金四郎は通称）」と呼ばれた。

歌舞伎で演じられた遠山景元

大岡越前と対比して「北町の遠山金四郎」こと遠山景元は、奢侈禁止令に対抗したことを感謝され、講談や芝居に取り上げられた。

遠山景元と長谷川平蔵は共通点が多い。平蔵の将軍御目見えは23歳だったが、遠山景元が11代将軍徳川家斉に御目見えが叶ったのは33歳という遅さだった。また、ともに放蕩生活を経験しており、庶民や犯罪者の心情への理解も深かった。さらに遠山景元が暮らした本屋敷は、かつて平蔵が暮らした本所の屋敷である。

コラム

現在とは異なる江戸の時刻

江戸時代には定時法と不定時法の2つの時間があった。定時法は1日を12等分したものである。午後11時~午前1時の子の刻に始まり、2時間ごとに十二支が割り当てられている。現在も昼12時のことを正午というが、これは午前11時~午後1時が午の刻であるためだ。一方、『鬼平犯科帳』をはじめ時代劇によく使われるのが不定時法だ。これは昼と夜をそれぞれ四ツから九ツまで6等分にして、日の出（明六ツ）から日の入り（暮六ツ）を基準とする。そのため季節によって一ツの時間が変動するのだ。例えば、昼の一ツは、夏至では約2時間半だが、冬至では約1時間半となる。時計が普及していなかった時代、不定時法であれば太陽の位置でおおよその時間がわかる。そのため、江戸時代の暮らしでは不定時法が便利だったのだ。

不定時法の時刻

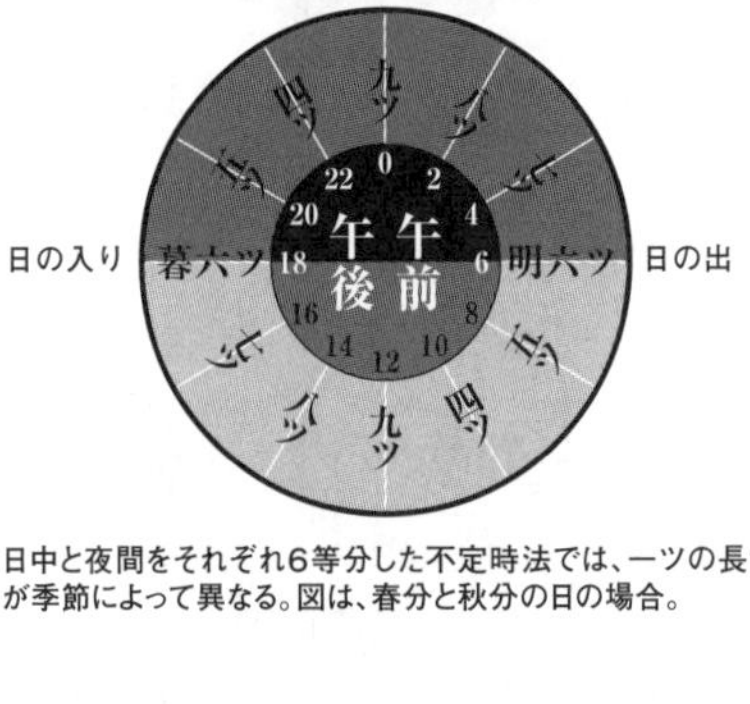

日中と夜間をそれぞれ6等分した不定時法では、一ツの長さが季節によって異なる。図は、春分と秋分の日の場合。

第3章

悪人の末路・江戸の牢獄と刑罰

江戸時代に罪を犯した者に待ち受けていたものは、時に命を落とすほどの苛烈な拷問と牢名主が取り仕切る牢獄、そして見せしめのための残酷な刑罰だった。悪人たちを恐れさせた、想像を絶する江戸時代の罪人の処遇について見てみよう。

取り調べと詮議が行われた大番屋

老若男女問わずに過剰拘禁された牢獄

『鬼平犯科帳』では、火付盗賊改の役宅内で取り調べが行われる様子が描かれている。これは町奉行所でも同様だ。ただし、すべての犯罪者が火盗改の役所や町奉行所に連行されたわけではない。前述したように、通常の逮捕者は辻番や自身番に仮留置され、軽犯罪であれば同心が尋問をして処断した。

幕末になると、これに加えて「大番屋」と呼ばれる取り調べ専門の番屋に身柄を移すようになった。大番屋は、町奉行所によって特設された大型留置所である。ただし、この大番屋は、自身番屋のように詮議までの一時的な拘禁施設ではなく、取り調べと予審を行う場所だった。大番屋は、『仕掛人・藤枝梅安』の舞台設定である19世紀初頭に2～3ヶ所設けられ、幕末には6～7ヶ所になった。千代田区神田佐久間町にあった大番屋は、建坪が13坪と特に大きかった。

大番屋が設けられたのは、詮議のスピード化と在牢期間の短縮化が目的である。100万人を超える大都市・江戸は事件が頻発する犯罪都市でもあり、すでに詮議待ちの罪人であふれかえった小伝馬町牢屋敷の負担軽減が急務だった。

100日あまり入牢した経験がある画家の河鍋暁斎《かわなべきょうさい》は、大番屋の様子を『暁斎画談』に残している。中二階（ロフト）が設けられた牢内に所狭しと罪人が勾留されていることがわかる。これほど過剰拘禁となっているのは、幕府が町奉行所の本牢送りを極力制限する方針を採っていたためだ。

奥の中二階には女性や子ども、老人の姿がある。一方、下層の格子内や手前の中二階には、縄で縛られた、より罪が重い人々がいることが見て取れる。簡易的な裁判所として機能した大番屋だが、その環境はかなり劣悪だったことがわかる。

『暁斎画談』に描かれた大番屋

町奉行所の負担軽減のために設けられた大番屋では、多くの罪人が老若男女の区別なく収容された。

容疑者が受けた過酷な拷問

笞打《むちうち》と石抱責《いしだきぜめ》は「拷問」ではなかった!?

『鬼平犯科帳』では、火付盗賊改の役宅で、捕らえた盗賊に拷問を加えて自白させるシーンがしばしば登場する。当時の取り調べと裁きの過程では、自白が何よりの証拠とされたため、公式に拷問が行われた。初代火盗改となった中山勘解由が考案した海老責など、さまざまな拷問が考案された。

やがて拷問に歯止めをかけるために法整備も行われるようになった。寛保2年（1742）に制定された『公事方御定書』は、8代将軍徳川吉宗によって、裁判・行政のマニュアルとして編纂されたもので、町奉行所での拷問は笞打、石抱責、海老責、釣責《つり》の4種に限定された。ただし、この中で釣責（一説には海老責も）は「拷問」扱いとなり、あらかじめ町奉行を通じて評定所の許可を受けた上で、牢屋敷内の拷問蔵に移して行われた。釣責まで必要となる取り調べは、吟味役の力量不足とみなされたので、実際

『徳川幕府刑事図譜』拷問の図　明治大学博物館 所蔵
笞打と石抱責は「拷問」ではなく通常の尋問手法である「牢問」「責め問」とされた。

にはあまり行われなかったようだ。一方、笞打や石抱責は無条件に行えるもので、通常の取り調べでも用いられた。

拷問が許されるケースは、殺人・放火・盗賊・関所破り・文書偽造罪の5種で、これらは死刑が科せられる重罪だった。

火盗改には町奉行所のような拷問の制限はないが、『鬼平犯科帳』で描かれる拷問が笞打や石抱責なのは、これらが「拷問」ではなく、「牢問」「責め問」と呼ばれ、自白を促すための一般的な手段だったからといえるだろう。

4段階あった江戸時代の拷問

具体的に4つの拷問について見てみよう。拷問の第1段階となるのが笞打である。上半身を裸にされた容疑者は後ろ手できつく縛られ、肩を笞で打たれた。笞は竹を縦に二つ割りにして合わせ、麻苧《あさお》で包んだもので、箒尻と呼ばれた。皮膚から血が出ても、傷口に砂をかけて止血し、続行された。

　笞打を100回行っても自白しない場合は、拷問の第2段階となる石抱責が行われた。まず後ろ手に縛られた容疑者を算盤《そろばん》板（断面を三角にしたもの）の上に正座させ、約55キログラムある重しの石（伊豆石）が足の上に積まれた。重しの石は5枚から10枚も積まれ、体は蒼白色に変わり、激しい痛みによって口から泡を吐いて気絶する者が多くいた。

　石抱責でも口を割らない者には数日後に、拷問の第3段階となる海老責が待ち受けて

『刑罪大秘録』石抱責
明治大学博物館 所蔵
算盤板の上に正座させられた罪人の足の上には、重さ約55kgの石の板が積まれていった。

いる。容疑者を後手に縛り、あぐらをかかせ、上半身を押し曲げて、両足と顎を密着させて縛るというもの。罪人の腰が極度に折り曲がって海老のように見えるため、海老責と呼ばれた。30分もすれば全身が鬱血《うっけつ》して真っ赤になり、汗が滝のように流れ落ちた。長時間放置すると死に至るために、適当なところで縄を解くことになる。

拷問の最終段階となるのが釣責である。両腕を後ろで縄でくくり付け、拷問蔵の梁《はり》から釣り下げるというもので、腕に縄が食い込み、激痛が走るだけでなく、肩の骨が皮膚を突き破り、飛び出ることもあったという。途中で失神してしまっても、苦痛で意識を取り戻すという、生きながらにして「無間《むけん》地獄」（大悪人が落ちる、絶えることがない苦しみが続く地獄）を味わうことになる。

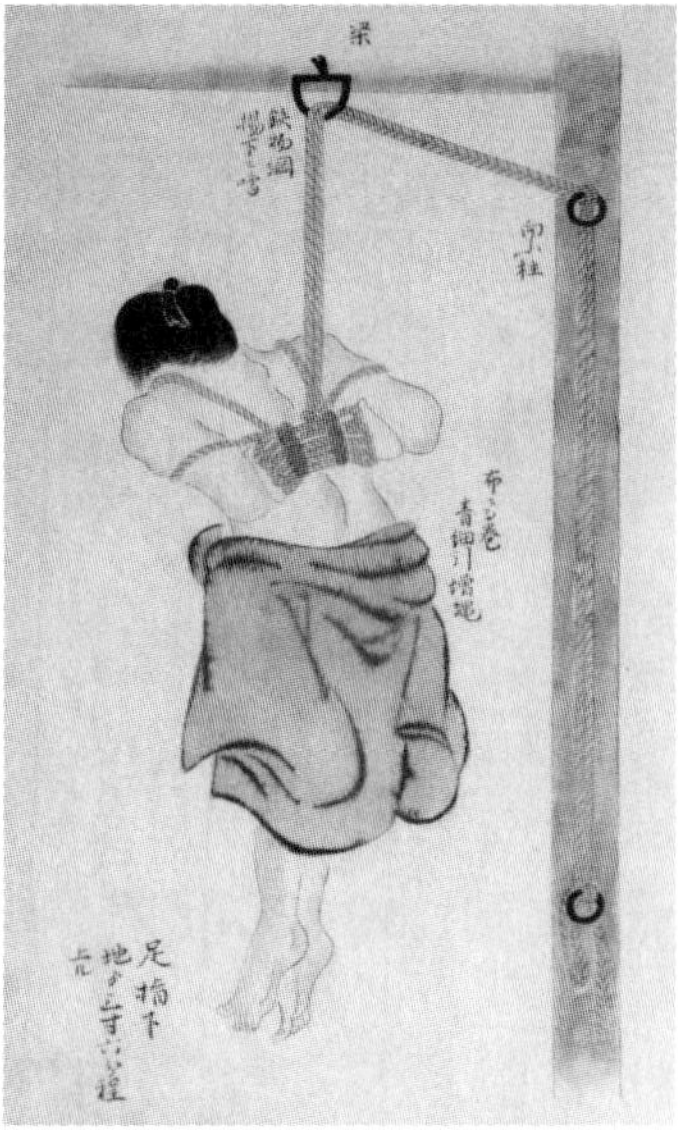

『刑罪大秘録』釣責
明治大学博物館 所蔵
拷問における最も過酷なもので、両腕を縄でくくり吊るされる。罪人は自らの体重で肩が外れ、骨が飛び出ることもあったという。

江戸時代の拘置所・牢屋敷

身分によって分けられた牢屋

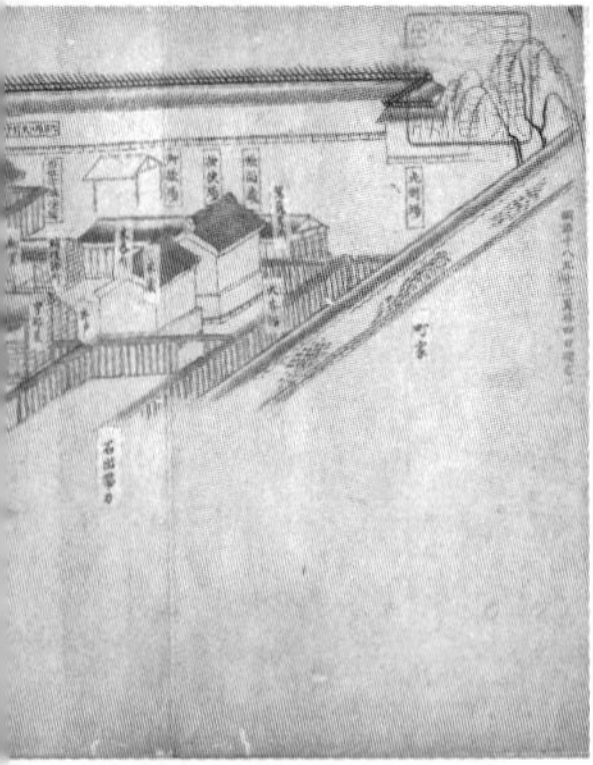

『鬼平犯科帳』の「鈍牛《のろうし》」では、長谷川平蔵が放火犯の身代わりとなって捕らえられた亀吉を尋問するために、伝馬町牢屋敷に赴くエピソードがある。多くの時代劇に登場する日本橋小伝馬町の牢屋敷は幕府最大の牢獄で、敷地面積は約２６１８坪（約８６３７平方メートル）あり、サッカー場をひと回り大きくした広さだ。周囲は高さ約８尺（約２・５メートル）の練塀《ねりべい》が囲み、その外側には堀がめぐらされていた。徳川家康が江戸に入部した当初に創設されてから明治時代初期に取り壊されるまで、脱牢した者はほとんどいなかったといわれる。

江戸時代には懲役刑や禁固刑はなかったため、現

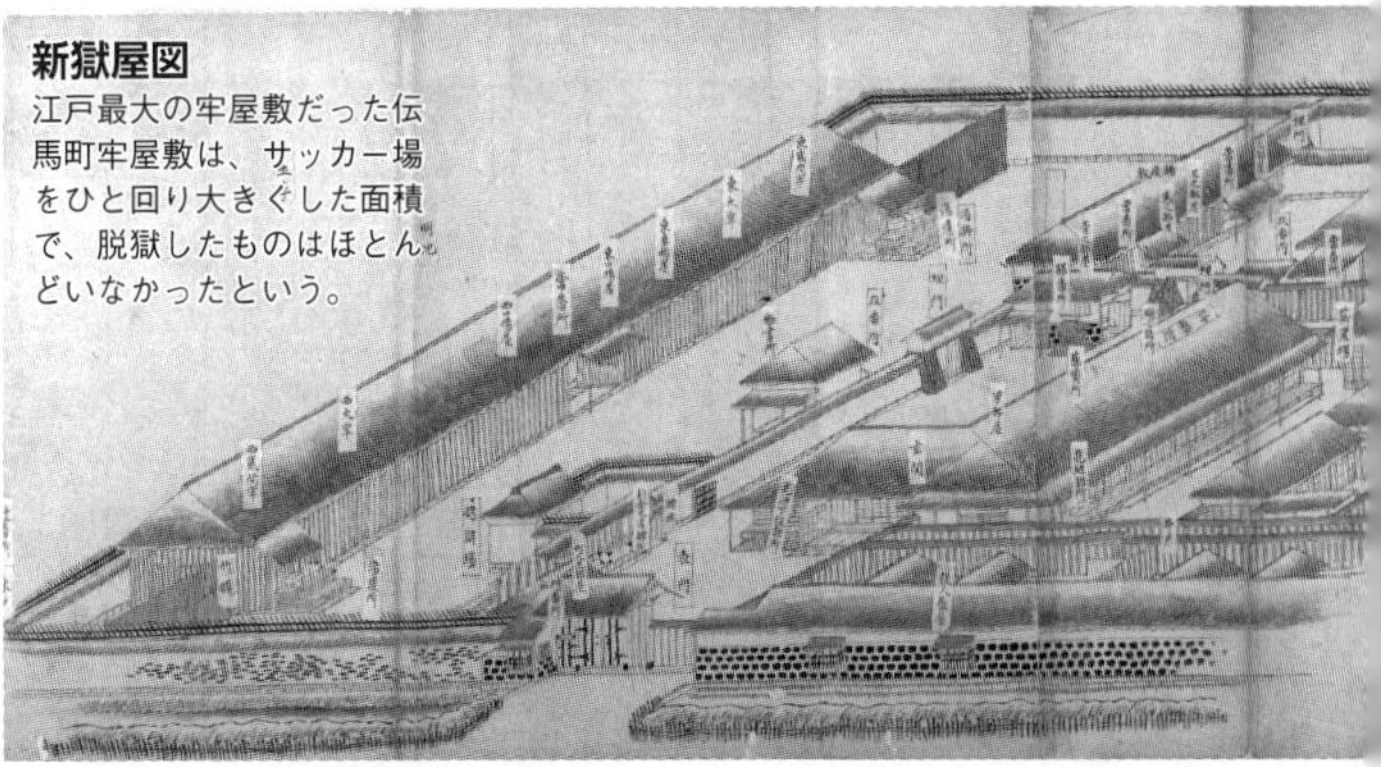

新獄屋図
江戸最大の牢屋敷だった伝馬町牢屋敷は、サッカー場をひと回り大きくした面積で、脱獄したものはほとんどいなかったという。

在のような刑務所にあたる施設は存在しなかった。そのため江戸時代の牢獄は、詮議中の容疑者を収容する留置所や、刑が確定した囚人を勾留する拘置所にあたる。

ひと口に牢獄といっても、身分によって分けられていた。亀吉が収容されていたのが大牢で、これは江戸時代の戸籍にあたる「宗門人別改帳」に記載されている一般庶民が入る牢獄である。広さは約30畳である。大牢は東西にあり、囚人同士の無用ないさかいを起こさせないために、宝暦5年（1755）には、牢馴れした常習犯は西大牢へ、初犯などの処遇の容易な罪人は東大牢への振り分けがなされた。

同じ庶民でも「宗門人別改帳」から外れた無宿はやや狭い24畳の二間牢に入れられた。このため二間牢は「無宿牢」とも呼ばれる。

御目見え以下の御家人、大名・旗本の家臣などが

牢獄の種類

牢獄の名称	内容
大牢	庶民(「宗門人別改帳」に記載されている一般庶民)が入る牢獄。
二間牢	庶民(無宿)が入る牢獄。通称「無宿牢」。
揚屋	やや身分の高い者が入る牢獄。(御目見え以下の御家人、大名・旗本の家臣など)
揚座敷	上位身分の者が入る特別牢。(500石以下御目見え以上の旗本、神官・僧侶など)
女牢	女性(身分は問わず)が入る牢獄で、西側の揚屋が使用された。入牢者が多い場合は遠島対象者が入る東側の揚屋も使用された。
百姓牢	無宿による悪影響を避けるため、百姓専用の牢獄を安永4年(1775)に新設。

入る西奥揚屋《あげや》は18畳で、雑居房であることに変わりはないが、便所が設けられるなど、やや待遇はよくなる。さらに500石以下御目見え以上の旗本、僧侶・社人などの上位身分の者は特別牢である揚座敷に入ることになる。揚座敷は個室で、軽犯罪者が身の回りの世話を行った。これ以上の身分の者は基本的に牢獄に勾留されることはなく、藩の預かりとなる。

大番屋では男女問わずに収容されたようだが、伝馬町牢屋敷では西側の揚屋が女牢として使われ、女性は身分を問わず収容された。安永4年(1775)には江戸に流入して罪を犯した百姓を収容するための百姓牢が新設された。また遠島となる者は、東側の揚屋が使用された。

伝馬町牢屋敷では、これらの獄舎のほかに取り調べを行う穿鑿《せんさく》所、拷問蔵、さらに死刑囚人を斬首（打ち首）にする死罪場、死体の試し斬りを行う様場《ためし》があった。牢獄を管理するのは「囚獄《しゅうごく》」と呼ばれた牢屋奉行で、石出家が世襲し代々「帯刀《たてわき》」を名乗った。この石出帯刀配下の同心約50人と下男が囚人を監視していた。

逮捕された容疑者の取り調べは、主に自身番、大番屋、町奉行所で行われ、町奉行が入牢証文を発行し、牢屋敷送りを決定する。入牢は夕方に行われるのが慣例で、罪人は着物をすべて脱いで持ち物を改められた。

現在では考えられないことだが、牢内は囚人による自治制が取られていた。ボスである牢名主をはじめとして、収容期間の長い囚人の中から牢役人が牢内を取り仕切った。大牢は30畳あったが、畳は牢名主らが独占し、ヒラの囚人は板場で暮らした。

新入りはまずシャクリと呼ばれる気合入れが行われ、棒や板で背中を2～3回叩かれた。牢役人に逆らわないように「ヤキを入れる」わけだ。その次に、「（命の）ツル（蔓）」と呼ばれる金を牢名主に渡すのが鉄則だった。金銭は着物に縫い込んだり、飲み込んだりして牢内に持ち込まれた。新入りであってもツルが多い者、あるいは縁者による金品の差し入れ（届銭）がある者は、「穴の隠居」と呼ばれる身分となり、特別待遇を受けることができた。このツルは牢役人の階級によって山分けされた。

もしツルを渡さない、あるいは少額だった場合は容赦なく折檻《せっかん》され、時として殺され

『徳川幕府刑事図譜』
町奉行所へ呼び出しの図
明治大学博物館 所蔵
伝馬町牢屋敷は刑の執行を待つ確定囚とまだ判決が出ていない未決囚が収容されていた。

ることもあった。囚人の入浴は夏場で月6回、冬場で月3回のみしか許されず、すし詰め状態の牢内の衛生環境は悪かった。東西にあった大牢の収容者数は１８０人であることから、わずか30畳のスペースに最大で90人がひしめき合っていたことになる。そのため牢内が過密になると、病人、規律を乱す者、いびきがうるさい者、ツルが少ない者などが夜のうちに殺された。人を減らして牢内のスペースを確保する暗殺は「作《さく》造り」と呼ばれた。

死刑よりも恐ろしい牢内のリンチ死

牢内でのリンチや殺害方法は凄惨を極めた。便所を汚した者は、便所の覆い蓋で叩く「キメ板責め」や、数日間、汁や水などのあらゆる水分を与えず、飯のみや塩をなめさせるという「汁留め」を受けた。牢役人に反抗的な者には「陰嚢《いんのう》蹴り」が行われた。四つん這《ば》いにして顔に濡れた雑巾を押し付けて、後ろから急所を蹴り上げるもので、この制裁を受けた者は声も出せず、激痛に悶絶した。

悪党から目の敵にされた岡っ引（目明かし）などが入牢した場合はさらに凄まじく、夜になるとわざわざ「座づくり（リンチ用のスペース）」を設けて押さえ付け、大便を口に押し込んで喰わせる「ご馳走取らす」といったリンチが行われた。

こうしたリンチによって囚人が死亡すると、2～3日経ってから牢名主から当番同心に届出が出された。ほとんどは「急病で死亡した」と伝えられ、町からやって来た牢医師もひと目見て「急病死」と死亡診断を下すのが常だった。その際、遺体を運ぶ役割をした穴の隠居（多額の金銭の持参囚）が袖の下として二分金（0・5両）を牢医師に渡すのが慣例となっていた。遺体の衣服は「病《びょう》死《し》ヶ《が》輪《わ》」と呼ばれ、脱がされて保管し、新入りが入ってくるとその衣服と交換された。

伝馬町牢屋敷跡から出土した石垣

江戸時代初期に設置された伝馬町牢屋敷は明治8年（1875）に廃止されるまで使われた。

伝馬町牢屋敷では、年間約300人が死罪となったが、獄死者は年間1000人を超えるという異常な状態だった。この牢屋を出られるのは、刑が執行される時であり、悪党も恐れるまさに「地獄の一丁目」だった。

軽犯罪者の刑罰

明確に定められた刑罰

江戸時代には懲役刑や禁固刑が無かったことからわかるように、江戸の刑罰は罪人の更生の意味はほとんど無く、犯罪を抑止するための見せしめの役割があった。そのため、今日では考えられないほどの厳罰だった。寛保2年（1742）に成立した幕府の基本法典である『公事方御定書』の下巻には、「御定書百箇条」という江戸幕府唯一の刑法典がある。

まず刑罰には、正刑と閏《じゅん》刑の2つに大別され、この2つ以外に属刑がある。正刑には6段階あり、重いものから順に死刑、遠島《えんとう》、追放、敲《たたき》、叱りである。閏刑は、身分ごとに科される刑である。武士には斬罪、切腹、預《あずかり》、改易、蟄居《ちっきょ》、閉門、逼塞《ひっそく》があり、僧侶には、構《かまえ》、追院《ついいん》、晒《さらし》がある。また庶民の閏刑は、過料（罰金刑）、閉戸、手鎖《てぐさり》の3種類があったほか、女性にだけ適用される閏刑として剃髪《ていはつ》、奴《やっこ》があった。属刑は、罪状によ

『徳川幕府刑事図譜』
闕所の図
明治大学博物館 所蔵
江戸時代の刑罰には正刑に追加される属刑があり、死罪、遠島、追放の場合、財産を没収される闕所が科せられた。

ってはさらに追加される刑であり、引廻し、非人手下《ひにんてか》、闕所《けっしょ》、入墨《いれずみ》、晒刑などである。

また江戸時代の刑罰は現在と異なり、連帯責任があった。犯罪者の一定範囲の親族が、「縁座」と主従や近隣の者が連帯して刑事責任を負った。これは連帯責任を負わせることで相互に監視し合い、犯罪を抑止する狙いがあった。

庶民には「五人組」という制度が取り入れられ、5戸を1組として編成して連帯して責任を負わされた。例えば、賭博の胴元（主犯）の場合、本人は遠島（悪質な場合は磔）を科されるが、場所を貸した地主や家主は屋敷を没収された。さらに両隣と五人組も身分に応じて過料が課された。江戸時代は「犯罪を見過ごした罪」が存在したのである。

家庭内では父親が「裁判官」だった

江戸では15歳を超えると刑事責任が追及され、殺人や放火といった重罪であっても死刑ではなく、遠島（島流し）となった。ただし、15歳までは親や親類が家で厳しく監視し、15歳を超えた時点で刑が執行された。

『鬼平犯科帳』の「瓶《かめ》割り小僧」に登場する五兵衛は、継父からひどい虐待を受け、やがて荒《すさ》んだ生活を送るようになり盗人に成り下がったエピソードがある。江戸時代は儒教の影響から家父長制が取られ、父親は「家庭の裁判官」ともいえる役割を担っていた。そのため、「しつけ」を名目とした体罰や監禁も罰せられることはなかった。さらに罪を犯したり素行が悪かったりする子どもは、家の奥に設けられた座敷牢に監禁され、自宅監視された。

子どもが再犯した場合、親は勘当《かんどう》することができ、町年寄や町奉行所が管理する「勘当帳」に記載する手続きを取る。この「勘当帳」に記載された者は、戸籍である「宗門人別改帳」から外され無宿となった。こうした勘当された無宿の多くは犯罪に手を染めるようになった。

❖人権無視の軽犯罪の刑罰

軽犯罪の刑罰について解説しよう。最も軽い刑罰が「叱り」と「過料」である。叱りは公的な場で役人や名主から叱責を受けて、二度としないことを誓約する書類に署名する刑で、現在の書類送検に近い。過料は現在の罰金とはやや異なり、重過料ともなると家財没収に等しいものだった。叱りと過料は、鉄砲などの武器の不法所持や風紀違反、拾得物の横領、賭博（客）などに科された。

これより重いのが「手鎖」で、手錠をしたまま自宅で謹慎する刑で、過料の未払い者や軽犯罪者に科された。浮世絵師の喜多川歌麿は、禁止された題材の浮世絵を描いたことで、50日の手鎖の刑を受けている。

『徳川幕府刑事図譜』敲仕置の図
明治大学博物館 所蔵
敲は伝馬町牢屋敷前で行われ、牢屋敷の責任者である石出帯刀、罪人の家主と名主、医者が臨席して執行された。

敲《たたき》刑は10両以下の窃盗や掏摸《すり》、喧嘩などに科される刑で、拷問にも使われる箒尻と敲藁《たたきわら》の2種類の笞があった。敲刑には50回叩く「軽敲」と100回叩く「重敲」があった。この刑は町奉行所の門前で行われ、痛みによる肉体的苦痛と恥辱による精神的苦痛を罪人に与えた。笞打には、入墨刑が付加される場合もあったが、基本的には更生を目的とした刑で、打ち役には罪人が自力で帰れる程度に殴打するように指示されたという。

捕らえられて敲刑を処された者に多いのが掏摸である。『鬼平犯科帳』には、「女掏摸《めんびき》お富」のエピソードがあるが、掏摸は「巾着切り《きんちゃく》」と呼ばれ、被害者が気づかないうちに盗み取る犯罪である。もし、掏ったことを気づかれたのに強引に奪い取った場合は「追剝《おいはぎ》」となって死刑となった。掏摸は江戸に多かった犯罪で、両国・浅草・上野・湯島・芝神明宮などの盛り場で多く、江戸には約1万人の掏摸がいたといわれる。掏摸の同業組合のようなコミュニティも存在し、掟や作法が定められていたという。ちなみに敲は、庶民の男性へ科され、武士、僧侶、女性には行われない。

僧侶に科される「構」「追院」はいわゆる追放刑である。また「晒」は日本橋など人通りの多い場所に罪状を書いた高札が掲げられ、罪人となった僧侶を縛り上げて長時間放置する刑である。武士に科された「蟄居」は、自宅の一室に閉じ込め謹慎させる刑。また、「閉門」は、門扉に竹竿を打ち付け窓を閉ざし、謹慎させる刑だった。

女性に科される閏刑には、軽犯罪であれば髪を剃られる「剃髪」があるが、現在では考えられない刑罰が「奴」である。これは「奴隷刑」で、罪人となった女性は「宗門人別改帳」から外され、もらい手が現れるまで監禁された。多くは吉原の女郎として引き取られ3年間使役された。ちなみに後述する私娼《ししょう》が捕らえられた場合も吉原に強制的に入れられた。こうした女郎は「奴女郎」と呼ばれ、最下級の扱いを受けたという。

体に刻み込む犯罪者の烙印・入墨刑

犯罪者を社会から排除した入墨刑

入墨刑は、追放刑とともに江戸時代の日本独特の刑罰である。正式に刑罰として幕府に採用されたのは享保5年（1720）で、8代将軍徳川吉宗が犯罪の抑制を図るために導入した。

敲刑とセットで科されることが多く「入墨敲」と呼ばれた。入墨刑は地域によって異なり、犯罪者をマーキングするもののため、腕に2本ないし3本の線を入れられたり、おでこに×印を入れられるなど、非常にシンプルなものだった。また、初犯は「一」、再犯すれば「ノ」と足していき、「犬」の字が完成したら死罪になるという地域もあった。入墨が見えることで前科者であることがわかり、犯罪の抑止力になったが、入墨のせいで更生の機会が失われ、自暴自棄になる者もいた。

江戸の入墨刑の場合、肘の下に幅三分（約9ミリメートル）の線を入れられ、線と線

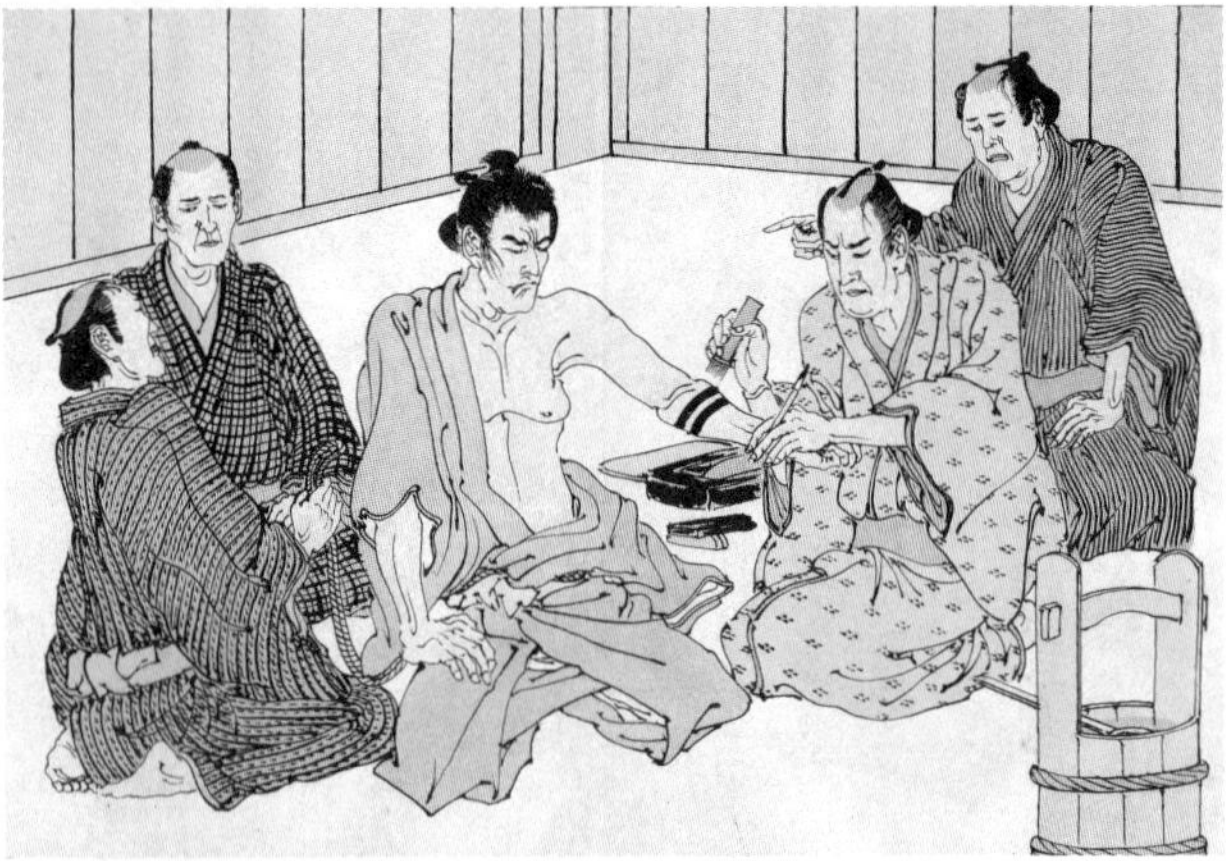

『徳川幕府刑事図譜』入墨仕置の図
明治大学博物館 所蔵
低額の窃盗や掏摸などに科された入墨は、10本ほどの針を束ねたもので彫られ、乾くと釈放された。

の間は七分（約21ミリメートル）とされる。最初は2本線の入墨を入れられるが罪を重ねると1本入墨が加えられた。地域ごとに異なる入墨を入れることで、所払いとなった前科者が戻ってくることを防止する意味があったと考えられる。

入墨刑の前科を隠すために入墨を上書き

『鬼平犯科帳』よりも前に書かれ、「鬼平外伝」とも呼ばれる「金太郎蕎麦」（『にっぽん怪盗伝』収録）には、蕎麦屋の女主人・お竹が客寄せのために金太郎の入墨を入れるエピソードがあるが、刑罰における入墨と異なり、ファッションとしての入墨も存在し

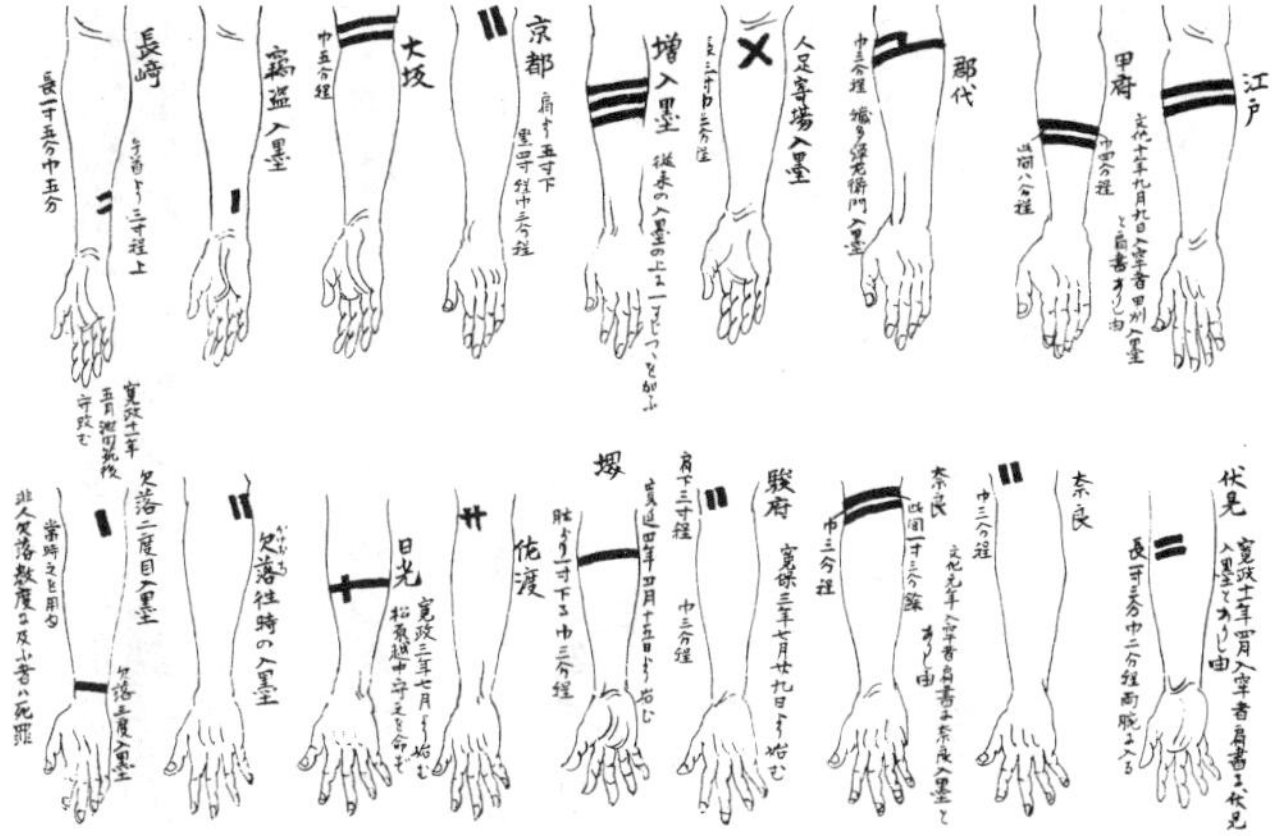

『徳川幕府刑事図譜』入墨の図
犯罪の履歴をマーキングする入墨は地方ごとに入れ方が異なり、追放刑にも付加された。

た。飛脚や駕籠かき、鳶職、町火消など、肌をさらすことが多い職業や肉体労働者の間で特に彫り物を入れる者が多かった。

刑罰で入れられた入墨を隠すために、大きく派手な彫り物を入れる者もいたことから幕府はたびたび彫り物の禁止令を出すが、彫り物は武士階級にまで広がっていった。明治時代になると、彫り物は悪しき風習として明治5年（1872）に「文身禁止令」が布告され禁止された。文身禁止令は戦後の昭和23年（1948）まで続き、「彫り物＝反社会的」というイメージはこの時期に醸成された。

極刑に次ぐ重罪・遠島

実は「ゆるさ」もあった追放刑

『鬼平犯科帳』では長谷川平蔵が、盗賊一味でありながら自首したり、火付盗賊改に協力した者に対して、死一等を減じて遠島（島流し）を申し付けるシーンがたびたび描かれている。遠島は追放刑の中で最も重い刑である。

追放刑は犯罪者を一定地域外へ放逐《ほうちく》する刑罰で、中世から近世にかけて行われた。江戸時代の追放刑は「払《はらい》」とも称され、キリシタンの国外追放、身体刑（耳切り・鼻削《そ》ぎなど）と組み合わせるなど、過酷な事例もあった。

8代将軍徳川吉宗の時代に編纂された『公事方御定書』では、追放刑は遠島と6等級の「払」に整理されている。重追放は、居住する国と事件を起こした国のほか、関東や畿内などの15ヶ国、東海道筋・中山道筋を御構場所（立入禁止区域）とし、家財や屋敷を没収された。以下、中追放は江戸・京都・大坂周辺地域（武蔵・山城・摂津・和

『徳川幕府刑事図譜』遠島出船の図　明治大学博物館 所蔵
専門の技術や知識を持った者は島の住民に迎えられたが、多くの者は生涯、島で農作業の手伝いをするなど苦しい生活を送った。

泉)、軽追放は江戸14里・京都・大坂、江戸払いは御府内(江戸都市部)、所払いは居住地、門前払いは奉行所の門前からの追放となった。『鬼平犯科帳』の「男のまごころ」では、誤認逮捕をした同心・田中貞四郎が江戸所払いになっている。

ただし、脚半《きゃはん》に草鞋履きなどの装いで「旅人」という建前であれば咎《とが》められないという暗黙のルールも存在した。追放刑に処されると武士は浪人、庶民は無宿とされたが、生活が苦しくなって犯罪に手を染める者もいた。そこで、再犯のおそれがある者を金山や銀山に送って働かせたりした。また寛政2年(1790)に平蔵の尽力によって設置された、人足寄場という自立支援施設に収容するなどした。

島抜けは死罪、終身刑だった遠島

追放刑の中で最も重い遠島は、死罪と比べるとずいぶん軽い刑に思われるかもしれないが、実態は生き地獄に近いものがあった。遠島は、賭博の主犯や過失致死、15歳以下の者の殺人、女犯僧《にょぼん》（女性と性的関係を持った出家者）などに科される刑で、江戸の場合、伊豆七島に流されることになった。ちなみに女犯僧が遠島となるのは相手が未婚の女性である場合で、人妻であれば獄門（晒し首）となった。享和3年（1803）に起きた延命院事件では、谷中にあった延命院に江戸城の奥女中たちが通い、僧侶と乱行していたことが発覚。僧侶たちは日本橋で晒されたのち、死罪となった。

罪人はわずかな金子《きんす》を与えられて島へ送られるため、生活基盤が無い島での暮らしは過酷を極めた。医者や大工など特殊技術を持った者は島民に歓迎され、武士の中には島民に読み書きを教える者もいた。しかし、多くは農業の手伝いなどをして飢えをしのいだという。時代劇ではしばしば遠島の期間が申し渡されることがあるが、追放刑は原則として終身刑で、大赦以外に帰還できることはなかった。もし島でも犯罪を行った場合、「島仕置」といって、崖などから突き落とすなどして殺害された。島抜け（島からの脱走）も重罪で死罪となった。

最もバリエーションがあった極刑・死罪

6種類あった江戸時代の死刑

江戸時代の基本法典となった『公事方御定書』にはさまざまな刑罰が規定されているが、中でも最も多いのが死罪に関するものだ。その数は95ヶ条を数え、現行刑法の12種と比べて格段に多い。

ひと口に死刑といっても、執行法にはさまざまな種類がある。罪の重さによって「下手人《げしゅにん》」「死罪」「獄門」「火罪」「磔《はりつけ》」「鋸挽《のこぎりびき》」があり、武士だけに適用される死刑として「切腹」と「斬首」があった。

「下手人」は「解死人《げしにん》」ともいわれ、殺人犯を意味する言葉だが、そのまま刑の名称になっている。喧嘩などで相手を死なせた場合、現在の過失致死罪に対して適用される斬首刑である。遺骸は遺族に下げ渡されるので、葬式を出すことができた。これに対し、10両以上の窃盗、人妻との密通などに適用される「死罪」は「下手人」と同じ斬首

『徳川幕府刑事図譜』斬罪仕置の図 明治大学博物館 所蔵
死ぬことに変わりはないが、死刑のうち最も軽い下手人では斬首ののち遺体を引き取ることができた。ただし、首と胴をつなぐことは禁止された。

刑だが、遺骸は刀の様《ため》（試し）斬りに用いられた。「獄門」は「梟首《きょうしゅ》」とも呼ばれ、強盗殺人や追剝、主人の親類の殺害、偽の秤や枡の製造などの罪状で科された。斬首刑の後に刎《は》ねた首を台に載せ、3日間晒したほか、財産は没収され、死体の埋葬や弔いも認められなかった。こうした刑罰は平安時代から存在し、牢獄の門前に斬首された首を晒したのが「獄門」の語源とされる。

「磔」は、罪人を十字形の柱に縛り付けて、槍で突き殺すという方法である。鋸引に次いで重い刑罰で、親や師匠殺しに科せられた。磔は親殺しのほか、関所破りや贋《にせ》金《がね》づくりなどにも適用された。罪人を十字架状の磔台に縛り付けて、槍を30回ほど突き刺した。主人とその家族に手傷を負わせ

『徳川幕府刑事図譜』獄門の図
明治大学博物館 所蔵
「獄門」は見せしめのために斬首後に３日間、首を晒すもので、梟首とも呼ばれる。

『徳川幕府刑事図譜』火刑の図
明治大学博物館 所蔵
火刑では、大量の茅と薪を体に巻き付けて火を点けた。絶命後、男性は陰嚢を、女性は乳房を焼かれた。

た場合も、磔になった。

主人殺しなど最も重いとされた犯罪には、「鋸引」が適用された。罪人を首だけ出して土中に埋め、その首を通行人などに竹製の鋸で引かせるという残酷なものである。ただし、実際に鋸を引く者がいたのは、まだ戦国時代の名残がある3代将軍家光の頃までといわれる。罪人は土に埋められた状態で数日間晒された後、磔に処せられた。ただし、体を直接土に埋めてしまうと、胸を膨らませられないため息ができず死んでしまう。そこで、穴晒箱《あなさらしばこ》という箱に入れられ、首だけ出して埋められた。

『尹台秘録《いんだいひろく》』には、長谷川平蔵が火付盗賊改を務めていた寛政3年（1791）に町奉行所で執行された死刑の数が記録されている。これによると、下手人10人、死罪53人、獄門12人、火罪1人、磔1人とあり、町奉行所だけで77人が死刑になっている。

残虐な方法で焼かれた火罪

『鬼平犯科帳』の「蛇《くちなわ》の眼」では蛇の平十郎が火罪となるが、「火罪」は放火犯に対して適用される処刑法である。罪人は刑木に縛り付けられ、火あぶりにされた。その方法も残虐で、死刑囚を罪木に縛り付けると、束ねた茅《かや》や薪《まき》が下にくべられるが、その数は茅700把、薪200把も使ったという。さらに顔面部も茅や薪でふさぎ、点火する。

こうしてたちまち全身が炎に包まれる。焼死が確認されると、さらに茅4〜5把を使って、左右から鼻や陰嚢（女性の場合は乳房）を焼く。これを「とどめ炊き」という。焼死体はその後、3日間晒された。一説には焼く前にあらかじめ絞殺するともいわれるが、いずれにしても見物した人々は恐怖したことだろう。

再利用された首なし遺体

死刑に追加された刑

『鬼平犯科帳』の外伝ともいえる『にっぽん怪盗伝』所収の「鬼坊主の女」には、実在した盗賊・鬼坊主清吉が市中引廻しされるシーンがある。凶悪犯や大盗賊などの場合、公儀の捜査能力を示し、罪人を見せしめにする目的で、刑に処す前に罪人を裸馬（鞍が付けられていない馬）に乗せて市中を巡る引廻しが付加された。引廻しは獄門、火罪、磔に加えられる刑である。巡回するルートは2種類ある。五ヶ所引廻しは、日本橋、両国橋、筋違橋（現在の万世橋付近）、四谷御門、赤坂御門を巡った後、鈴ヶ森か小塚原の刑場へ行く。一方、江戸市中引廻しは、伝馬町牢屋敷を出ると江戸城を反時計回りに、南は増上寺あたり、西は牛込あたり、北は浅草寺あたりまでを巡った。

市中引廻しでは、検視役の与力や持槍かつぎの小者、警護の侍、処刑を行う下働きの者など50人ほどが随行する。罪人が増えれば、この随行者も倍増する。沿道には凶悪犯

市中引廻し 同志社大学図書館 所蔵
死刑に付加される引廻しでは、罪人は裸馬に乗せられる。ただ殺されるよりもこの世の見納めができる引廻しを喜ぶ罪人もいたという。

をひと目見ようと人々が集まり、さながらパレードのようだった。罪人は途中で、蕎麦が食べたいなどといえば、お上のご慈悲で望みが叶えられることもあった。ある時は店先で若い女房が子どもに授乳しているのを見て、乳が飲みたいといった罪人の願いも叶えられた。ただし、以降そのような要求は認められなくなったという。

ちなみに引廻しとされる罪は、死罪の場合は他人の家や土蔵に通算5回以上の侵入、辻斬りなど、獄門の場合は主人の妻と密通、毒薬の販売など、磔は金を目的として貰った子の殺害、贋金づくりなどだ。

刀の鑑定に用いられた遺体

死刑囚の遺体には残酷な処置がなされ

た。下手人以外の死刑の場合には、その遺体で刀剣の「様《ためし》斬り」が行われたのである。刀剣の試し斬りは、公儀御試御用役の山田浅右衛門家が務めた。「浅右衛門」は、山田家当主の代々の名乗りである。山田浅右衛門家は浪人の身分だったが、刀剣の鑑定の専門家でもあり、江戸市中の平河町に立派な屋敷を構えていたという。

本来、斬首は一番年が若い同心の役割だったが、斬首には高度な技量と度胸が必要であり、また失敗が許されないことから山田浅右衛門が代役となった。ちなみに斬首される場所は「土壇場」と呼ばれる。試し斬りは、首無しの遺体を挟み竹で固定して、通常は1人の胴体を試し斬る一つ胴だが、2人の胴体を重ね合わせる「二つ胴」、そのほか『刀剣弁疑』には「三つ胴」、「四つ胴」、「七つ胴」が記録されているが、詳細は不明である。

『徳川幕府刑事図譜』御用の図　明治大学博物館 所蔵
下手人以外の斬首された遺体は、刀の鑑定のために試し斬りに利用された。遺体は竹で固定され、専門の山田浅右衛門が試し斬りを行った。

お上公認の殺人・仇《あだ》討ち

手続きが必要だった仇討ち

江戸時代には死刑のほかに、幕府によって許可された合法的な殺人があった。それが仇討ちである。ただし、殺人を公認するためにその手続きは厳格だった。武士の場合、仇討ちが許可されるのは、両親や兄などの目上の血縁者が殺された場合であり、妻や子ども、弟や妹のために仇討ちは認められなかった。まず主君に仇討ちを申し出ると、主君は幕府の三奉行に「仇討願」を提出する。これが受理されると、仇討ちをする者の姓名や身分、年齢などの情報が幕府の公儀御帳、町奉行の敵討帳・言上帳に登録される。そしてその写しである「仇討免状（仇討状）」を受領する。

この手続きを終えると、討ち手は主君に暇をもらい浪人となって、仇を捜索することになる。仇を見つけた場合、討ち手はその地の役人に届け出を出して、仇討ちの許可を求めることが慣例だった。その場合、その地の役人は仇が逃げないように、討ち手と仇の双方を留め置いた。そして、江戸の町奉行所に問い合わせを行い、帳簿として照合して間違いが無ければ、決行の許可が下りた。現地では、役人が路上を取り締まり、竹矢来（竹でつくった柵）を組んで、双方を対決させた。例は少ないが、仇討ちを無届けで行った例もある。その場合、一時的に入牢させられるが、「無構放免」となり、仇討ちが追認される場合もあった。

『鬼平犯科帳』の「助太刀」には、平蔵が旧知の剣友・横川甚助の仇討ちを助太刀する話があるが、討ち手が女性や子どもであったりした場合、実際に仇討ちには助太刀が加わることがあった。ただし、この助太刀も事前に届け出をする必要があった。

武士以外にも幕府公認の殺人があった。それが不倫である。江戸時代に不義密通は重罪とされ、死罪となったが、浮気された夫が、妻の不倫相手を殺害しても無罪とされた。これを「妻《め》（女）敵《がたき》討ち」という。妻を寝取られた夫に報復権があったのである。ただし、その条件として、密通の現場を押さえて大家を呼んで証人になってもらう必要がある。そのため、妻の不倫相手から「首代」という慰謝料を取って示談する「内済」が行われた。首代の相場は7両2分という大金である。これは南町奉行だった大岡忠相が慰謝料を大判1枚としたことに始まり、大判1枚は額面上10両だが、実際の金の含有量は小判の7両2分だったことに由来する。

コラム

街道の出入り口につくられた刑場

江戸時代において、特に重い罪の場合は公開処刑が行われた。その刑場は、慶安4年（1651）に創設された小塚原刑場と鈴ヶ森刑場である。この2つの刑場は、どちらも京都と奥州を結ぶ街道の江戸の出入り口部（江戸と郊外の境界）に置かれた。これは江戸に入ろうとする人への見せしめとして江戸の治安維持の効果を狙ったものである。小塚原刑場は現在の荒川区南千住に位置し、日光街道（道中）の入り口にあたり、磔刑（鋸引・磔）や火罪、獄門が執行された。明治6年（1873）に廃止されるまでに、20万人の刑が執行されたといわれる。跡地は延命寺という寺院になっており、境内には寛保元年（1741）に建てられた高さ約3メートルの首切地蔵がある。一方、現在の品川区南大井に位置する鈴ヶ森刑場は、東海道沿いに設置された。明治4年（1871）に廃止されるまで、10万人から20万人の罪人が処刑されたといわれる。磔刑や火罪、獄門や、刑場近くの海で水磔による処刑が行われたという記録もある。現在、跡地には看板のほか、火罪用の鉄柱や磔用の木柱を立てた礎石などがある。

第4章

「梅安」の時代と江戸の無法者社会

依頼を受けて密かに人殺しを行う仕掛人・藤枝梅安は、長谷川平蔵と異なり、池波正太郎が創作した架空の人物だ。舞台となった19世紀初頭は、さまざまな社会の歪みが顕在化した時代だった。『仕掛人・藤枝梅安』に描かれる江戸の闇社会の実態を見てみよう。

なぜ反社会勢力が「義賊」となったのか?

封建社会のひずみが生んだ義賊たち

江戸時代に入ると戦いがなくなり、政治が安定して法が社会の隅々まで行き届くようになった。一方で、時代が進むにつれて武士の〝武士らしさ〟が失われていき、官僚化が進んだ。戦国時代には下剋上という成り上がりの風潮があったが、江戸幕府はそれを封じ込め、武士を頂点とする封建体制を再整備した。家老の子はボンクラでも家老だったが、貧民の子はどんなに頑張っても貧民のままという身分社会で、多くの人たちはそれを当然のこととして考えていた。

しかし、江戸時代後期になると支配層である武士たちの堕落が顕著になり、この身分社会に疑問が持たれるようになる。武士といえば清廉潔白なイメージがあるが、そうでない者も少なからずいた。例えば、当主が亡くなったのに「病気療養中」とウソをつき、亡くなった当主の給料をもらい続ける者がいた。しかも1人だけでなく、多くの者

SPコミックス『仕掛人 藤枝梅安』第9巻「梅安点前」
主人公・藤枝梅安は鍼医者として信頼されている一方、闇社会においても義賊として、一目置かれる存在である。

がそれを当たり前のように行っていたという。有名な大塩平八郎は大坂奉行所の与力で、役人の汚職や奉行所の不正を幕府に訴えたが相手にされず、最後は自ら武装蜂起して討たれた。しかし、幕府の役人が反乱を起こしたことは、世間に大きな衝撃を与えた。

また、江戸時代後期の武家は深刻な財政難に見舞われ、富裕な農民や町人から御用金を徴収し、その見返りとして苗字帯刀を許していた。要するに農民や町人の〝武士化〟なのだが、自分たちで築いた厳格な身分社会を自分たちで崩す姿は、庶民からの武家不信を招いた。農民や町人は武芸の腕をみがくなど、庶民による武士へのアンチテーゼが湧き上がるようになる。こうした中で、国家や権力者からは犯罪者とみなされたが、大衆からは支持される「義賊」が生まれていった。

『仕掛人・藤枝梅安』の主人公・藤枝梅安は、仕掛人として殺人を請け負い、数多くの人間を死に追いやった。しかし、「正義のために悪党を殺した」という点から見れば、彼も義賊の1人といえる。

❖武家屋敷で盗みを働いた鼠小僧の義賊化

江戸幕府は争いを無くすため、庶民をそれなりに抑え込む政策を採った。徒党を組んで強訴《ごうそ》することは厳しく禁じられ、起こした者は、例え正当な理由であっても厳刑に処せられた。こうした抑圧政策によって、人々はお上が決めたことに対して従順になり、世界史的にも奇跡的な平和の時代が到来した。

しかし、人々に不満がまったく無かったわけではない。特に江戸時代後期は度重なる飢饉に見舞われたが、効果的な対策を打ち出す武家は少なかった。人々の不満は高まる一方だったが、よほどの覚悟が無ければ蜂起することができない。そのような狭間で、かつて貧民のために立ち上がった人物が「義民」としてもてはやされるようになった。その1人が、下総国佐倉藩の佐倉惣五郎《そうごろう》である。

江戸時代前期、重税に苦しむ農民のために将軍への直訴を行い、妻子とともに処刑された。しかし、その勇敢な行動が称えられ、「義民」として語り継がれた。惣五郎を描いた歌舞伎『東山桜荘子《ひがしやまさくらそうし》』は大きな反響を呼び、惣五郎ブームが巻き起こった。ただし、惣五郎が実際に直訴を行ったことを示す確実な史料は、今のところ存在していない。

また、江戸時代の泥棒・鼠小僧次郎吉《じろきち》も、義賊として語られた人物の1人である。彼は博打の資金欲しさに盗人稼業を始めたが、捕らえられて処刑された。

次郎吉は単なる泥棒に過ぎないのだが、彼が称賛の対象になったのは、主に武家屋敷で盗みを働いていたからだ。武士階級が絶対だった社会において、単身で武家屋敷に盗みに入った次郎吉の行動は、庶民にとって痛快だったのである。処刑の際には、次郎吉の姿を見るために人だかりができたという。

次郎吉をモデルにした歌舞伎の演目では、盗んだ金を貧しい庶民に分け与えている。盗まれた金銭が家宅捜索ではほとんど見つからなかったので、このような説が生まれたのだが、実際は博打や酒に浪費したと考えられる。

真刀徳次郎
長谷川平蔵によって捕らえられた凶賊・真刀徳次郎ものちに「義賊」として脚色され、江戸っ子の人気となった。

職業やくざとしての「旗本奴《はたもとやっこ》」「町奴《まちやっこ》」

武威を見せ付けるために暴れた「旗本奴」

江戸時代初頭は戦国の遺風がまだ残っており、「自分はまだやれる」と意気込む浪人も少なくなかった。彼らは「かぶき者」や「奴（中間や小者などの武家奉公人）」のような派手な格好や乱れた風俗を好み、奇矯な振るまいをした。

こうした者の中から、「旗本奴」と呼ばれる無法集団が現れるようになる。彼らは自分たちの武力と気概を見せ付けるため、通りがかりの人にケンカをふっかけたり、些細なことで斬り付けたりした。後世では「侠客《きょうかく》」「男伊達《おとこだて》」ともてはやされたりもしたが、その実態は、元武士や武家奉公人という特権を振りかざす鼻つまみ者だった。

『仕掛人・藤枝梅安』は江戸時代後期の話だが、武士の権威を笠《かさ》に着る者も出てくる。祖父が当時の藩主の隠し子だったという本間左近という男は、血筋を盾に城下で辻斬りを繰り返し、困った藩内の者が梅安に仕掛（暗殺）を依頼している。

旗本奴の先駆者は慶長15年（1610）前後に現れた浪人の大鳥居逸兵衛《おおとりいいっぺえ》（大鳥逸平）で、300人のかぶき者を束ねて行動した。正保年間（1644～1648）から活動が盛んになり、「鉄砲組」「鶺鴒《せきれい》組」などの団体が生まれた。「大小神祇《じんぎ》組」を組織した名門旗本の子・水野十郎左衛門、高坂藩主の加賀爪《かがつめ》直澄など、大名や旗本も参加していた。

旗本奴から庶民を守るために活躍した「町奴」

暴虐な旗本奴から庶民を守るため、活躍したのが「町奴」である。彼らの多くは町人出身者だが、中には浪人も含まれていた。町奴の頭領・幡随院《ばんずいいん》長兵衛と水野十郎左衛門の対決は、歌舞伎の題材にもなっている。

幕府も旗本奴の振るまいを見過ごすわけにいかず、厳正に取り締まった。寛文4年（1664）には、水野十郎左衛門に切腹が命じられた。また、町奴も取り締まりの対象になり、貞享3年（1686）の大量処分で一掃された。しかし、旗本奴や町奴のアウトローの気風はその後も受け継がれ、江戸時代後期には博徒が存在感を示すようになる。

下層民の憧れとなった博徒

江戸時代後期に増加した博徒

江戸時代初期のアウトローは「旗本奴」「町奴」が中心で、「かぶき者」「男伊達」「侠客」などと呼ばれた。その後、賭博の稼ぎで生計を立てる博徒がやくざの主流になった。

博徒は「通り者」とも呼ばれるが、これは「筋が通った者」「遊里で遊び慣れた人」などのニュアンスも含む言葉である。上級の通り者は茶の湯や俳諧にも通じていたが、遊女屋に女性を売り飛ばしてピンハネする者もいた。江戸時代を代表する儒学者の荻生《おぎゅう》徂徠《そらい》が著作で嘆くほど、「通り者」が江戸で跋扈《ばっこ》していた。

享保年間（1716～1736）に出された禁止令には、博徒の暮らしぶりが次のように記されている。「賭博を生業とする者は立派な邸に住み、派手な服を着て、観劇に出かけては酒宴に興じていた。若者は彼らに憧れを抱き、取り締まる役人たちは賄賂を受け取って見ぬふりをした」

どこの大名屋敷でもそうだが
下屋敷の中間《ちゅうげん》部屋は、夜は
博奕《ばくち》場になってしまう……
これを咎《とが》めると、中間が
居つかなくなるので
家来《けらい》たちは見て
見ぬふりを
する……

SPコミックス『仕掛人 藤枝梅安』第4巻
「闇の大川橋」
大名屋敷で働く非正規の職員である中間には、無宿などのならず者が就くこともあり、屋敷内では博打が行われた。

蘭学者・杉田玄白の著書『後見草《のちみぐさ》』によると、盛り場である千住や浅草では、賭け事に没頭する人の群れが夜間でも1里（約4キロメートル）近く続いていたという。

寛政の改革（1787～1793年）で規制が強化されたが、江戸の文化として浸透した賭博を排除することはできなかった。『仕掛人・藤枝梅安』にも、大名屋敷の中間部屋にさまざまな人たちが出入りして、博打に興じる記述がある。家臣たちもそれを見て見ぬふりをして、当たり前のこととして受け止められていた。

江戸時代後期になると、博打は地方の農村にも浸透していった。当時の農業は生産技術が乏しかったので、飢饉が起きると年貢の徴収に疲弊し、農作業からドロップアウトする農民が少なくなかった。彼らは勤労を嫌がり、賭博に興じる博徒と化していった。

また、正式な手続きをせずに村を離れる「不斗出者《ふとでもの》」も増え、犯罪の数も増加した。文化・文政期（1804〜1830）の江戸は庶民文化が隆盛し、経済活動も盛んだったので、江戸に流れ込んだ者も多かった。周辺農村とは賑わいが段違いなので、江戸を志向するのは自然な流れであった。

一方で、農村の有力者でありながら博徒の親玉になる者もいた。彼らは地元を拠点に徒党を組み、武器や人材を揃えた。そして、縄張りを接する近隣の博徒集団と、しばしば小競り合いを起こした。

博打が農村社会に根付いた歴史的背景の1つに、寺社との深い関係がある。寺社の祭礼では芝居や見世物、相撲、露店などとともに、博打が人気を博した。祭礼になると博徒が寺社に集まり、賭博に興じていた。こうした慣行を「露天博打」といい、「博打を打たぬ者は、寺の本尊と石地蔵だけ」ともいわれた。近世の寺社領は治外法権だったので、幕府もほぼ黙認していた。寺社での娯楽を禁じるお触れが出されることもあったが、しばらく経つと元通りになったという。

賭博を行う賭場は宿場にも登場し、入場料も徴収された。とりわけ大きな街道の宿場で栄え、多くの人たちが金を落とした。

幕末にかけて勢いを増した博徒集団

幕府の直轄地である天領には武士の役人がいなかったので、警察権が弱く、博徒を生みやすい土地柄だった。

享保9年（1724）から天領化している甲斐国（山梨県）もその1つで、駿河の清水次郎長《じろちょう》との抗争を繰り広げた黒駒勝蔵、浪士組（新選組の前身）に参加した祐天仙之助《ゆうてんせんのすけ》など、有名な博徒を多数輩出した。天保7年（1836）には甲斐騒動（郡内騒動・天保騒動とも）と呼ばれる百姓一揆が起きたが、これに多くの博徒や盗賊が加わったことで、騒動が激化・無秩序化していった。

博徒は江戸時代後期から幕末にかけて隆盛し、武装集団化も進んだ。特に武勇の気風が強い上州（上野国）や武州（武蔵国）の多摩地方ではその傾向が強く、国定忠治《くにさだちゅうじ》のような博徒の英雄も現れた。幕末期は一揆や打ちこわしに加勢する一方で、領主の依頼を受けて一揆を鎮圧する側にもなった。また、戊辰戦争では博徒集団が傭兵として活躍し、戦死した者たちの埋葬も行った。

漂流する博徒「股旅《またたび》」

稼ぎ口を求めて博徒に転じた無宿

江戸幕府は民衆支配のため、すべての人々を「宗門人別改帳」に登録させた。現在の戸籍台帳のようなもので、定期的に改帳した。移転時には改める必要があったが、手続きをしないまま移動すると、改帳の記載から外れて「無宿」の扱いになった。江戸時代には、失踪するなどして無宿になる人が多く存在した。また、子どもの借金や犯罪に対して親族が連帯責任を取らされることもあったので、親族が「宗門人別改帳」から名前を外すケースもあった。

無宿になると、住まいや働き口に数多くの制限がかけられた。そのため、食べていくために盗みを働いたり、寒さをしのぐために火を起こして火事になるなど、さまざまなトラブルが生じた。

無宿にとって住み心地がよかった関八州

無宿が這い上がるのは容易ではなかったが、金さえあれば何とか生きていける時代だったので、博徒になって食いつなぐ者も少なくなかった。江戸や宿場、港などの片隅に根を下ろす無宿がいる一方で、あちこちを転々とする者もいた。とはいえ、無宿には往来手形が支給されなかったので、全国どこにでも行けるわけではなかった。彼らは狭い範囲で移動を繰り返したが、住み心地がよかったのは、将軍のお膝元である関八州（関東地方）だった。

関東は、中小大名や旗本領、天領、寺社領が複雑に入り組んでいた。天領で捕らえようとしても、管轄外に逃げられると捜査の手続きが面倒になった。こうした点からも、無宿や博徒にとっては住み心地がよい場所だったといえる。

幕末以降はやくざを主人公にした作品が生まれたが、明治時代になると、各地を放浪する博徒を主人公とした「股旅物」が人気を博した。その人気は戦後も続き、『木枯し紋次郎』や『座頭市物語』などが生まれた。『仕掛人・藤枝梅安』でも、梅安が上方や伊勢に旅する場面がいくつも見られる。さまざまな人物と出会い、物語が展開されるので、時代劇と相性がよかったのだろう。

庶民が熱中した江戸のギャンブル

江戸っ子の9割が賭博に熱中していた

日本におけるギャンブル（賭け事、博打、賭博）の歴史は古く、『日本書紀』にも記述がある。貴族の世界では双六《すごろく》が流行し、風流な連歌も賭けの対象になった。一方で、安土桃山時代には、土佐の長宗我部元親が賭博禁止令を出している。武士の場合、刃傷沙汰に発展するおそれがあったので、禁止令を出す大名家は少なくなかった。中には、賭けの原因になるとして将棋や囲碁を廃止した事例まである。

江戸幕府を開いた徳川家康は賭け事が嫌いだったのか、大名の決まりを定めた『武家諸法度』では、「博打の禁止」が促されている。家康を信奉する8代将軍徳川吉宗は『公事方御定書』において、博打を行った者に対する厳しい処罰を定めている。遠島や追放などの厳罰が科されることもあったが、賭博の根絶には至らなかった。

江戸ではさまざまなギャンブルが人気を博し、江戸時代中期の儒学者・蘆野東山《あしのとうざん》によ

露天博打
寺社は火盗改の管轄外であり、また一定の治外法権があったため、賭博が行われるようになった。

ると、賭博を知らない江戸市民は100人に10人いるかいないかだったという。現在、「賭博」というと反社会的なイメージが強いが、江戸時代は「賭け事の心得が無い者は野暮」とみなされるほど、手軽な娯楽として親しまれていた。子ども相手の貸し売りや、江戸城大奥でも賭け事が行われたという。

　江戸時代の賭博の定番は、2つのサイコロを使った丁半である。ツボ（ツボ皿）に入れたサイコロの目の合計数が偶数（丁）か奇数（半）かを予想する、きわめてシンプルな賭博である。四隅に鋲を差して固定した盆台（盆茣蓙《ぼんござ》）は、賭場の権威の象徴とされた。盆台を囲んで、進行と審判を務める中盆、サイコロを振るツボ振りがいて、その周囲に客が座った。賭け金は、胴元や資金を提供する者に支払う「テラ銭」という資金にも充て

『東都歳事記』
谷中天王寺富の図
富くじは江戸時代に人気の公認ギャンブルだったが、富くじを利用して悪事を行う者もいた。

られた。

「遠山の金さん」は賭博に寛容だった⁉

サイコロを使った賭博は、身分や場所を問わずに行われた。『仕掛人・藤枝梅安』にも、「どこの大名屋敷でもそうだが、ことに下屋敷の中間部屋は、夜になると博打場になってしまう」という記述がある。奉行所も大名屋敷には手が出せなかったので、賭場としては最良の環境であった。寛政7年（1795）には、火付盗賊改の長谷川平蔵から申請された、次のような判決例がある。

喜兵衛という老人の家の土蔵で、毎日のようにサイコロ賭博が行われていたとして、身分相応の過料に加えて100日の手鎖の刑に処せられた。喜兵衛は「土蔵の管理は娘婿に任せており、私は何も知らなかった」と主張したが、実際は集まった者たちから「心づけ」という名目で金を受け取っていたという。

また、非公認の富くじである「影富《かげとみ》」に巧妙な細工をしたとして、罰せられた下級武士もいる。小普請方の労務者世話役の佐助という男で、自分で用意した1000枚の影富を「感応寺のお徳用富くじ」と偽り、1枚32文で売りさばいた。儲けた額は現在の金額にすると約64万円だが、家屋などの財産をすべて没収されて重追放されるという、極めて重い処罰を受けた。

富くじは寺社が修繕費用を調達する目的で認められたギャンブルだが、影富は単なる賭け事だった。寺社に納めない分も購入者に還元されるので、賭け事が好きな江戸っ子を惹き付けた。

賭博にはトラブルが付き物なので、幕府も社会秩序を乱す存在として取り締まりを図った。しかし、取り締まりの対象があまりに多すぎて、現実的には難しかった。そこで弘化4年（1847）、「遠山の金さん」で知られる南町奉行の遠山左衛門尉景元は、北町奉行の鍋島直孝と連名で次のような上申をした。

「風俗や賭博の取り締まりを厳しくすると、人々の気持ちが萎縮してしまう。そうなると経済活動が停滞し、人々の生活も苦しくなる」

もはや開き直りとも言える上申書だが、現実を見て対応しようとする「金さん」の姿勢が見て取れる。名奉行が匙を投げるほど、江戸では賭博が蔓延していたのである。

組織化された香具師《やし》と庭場《にわば》

やくざのルーツは博徒とテキヤの2系統

江戸時代において、無法者や荒くれ者を指す言葉として「侠客」「奴」「男伊達」などの言葉があるが、やがて「やくざ」が広く使われるようになった。

「やくざ」の語源は諸説あるが、博打用語に由来するともいわれる。花札では手札3枚の合計が10点か20点になると無得点になるが、その点数の組み合わせ（8点・9点・3点）を「やくざ」と読み、「役に立たないもの」を意味する言葉になった。それが転じて、遊び人や博徒などを「やくざ」と呼ぶようになった。

現在は暴力団一般を指す言葉として用いられるが、江戸時代の「やくざ」は、大まかに2つの系統に分かれる。先に述べた博徒と、テキヤ（香具師）の系統である。警察でも、暴力団の起源として博徒とテキヤを挙げている。

『警察白書』では、テキヤについて「縁日や祭礼などに際し、境内や街頭で営業を行

『江戸名所図絵』十軒店雛市

江戸の街には季節ごとにさまざまな行事があり、神社仏閣の門前などで市場が立った。右下には見廻りをする2人組の同心と思われる頭巾の男が描かれている。

う露天商や大道芸人などの集団のうち、縄張りを有している者」と定義している。「当たれば儲かる」ということで、的矢に例えられて「的屋《てきや》」と称されるようになった。テキヤの起源は室町時代にさかのぼり、やくざよりも古いことから、「やくざはテキヤをモデルにした」という見解もある。

ちなみに、「香具師」の語源は諸説あり、香具という薬を売っていたからとも、野武士が略されて「野師《やし》」になったともいわれる。江戸時代には、露天の商売人が曲芸や軽業、曲独楽《きょくごま》などをして客を引き寄せ、彼らに薬や香具を売る生業もあった。

系統は分かれるが、自分たちの「縄張り」を大事にするという点では共通している。正当な権利を有しているわけではないが、自分たちの権利として主張している範囲を「縄張り」といい、博徒の場合は「シマ」とも称する。

一方、テキヤ系統のやくざは縄張りを「庭場」と呼んでいた。一定の地域を庭場と称し、その地域で営業しようとする露店や商店に営業権を与え、その代わりに「ショバ代」「ゴミ銭」「ツタ銭」などを権利金として徴収していた。

テキヤ（香具師）の元締めは大抵がやくざで、『仕掛人・藤枝梅安』でも、香具師の元締めが多数出てくる。白子屋菊右衛門は上方《かみがた》に根を張る香具師の元締めで、のちに梅安最大の仇敵として立ちはだかった。また、小石川一帯の香具師の元締めである音羽の半右衛門は梅安に肩入れし、江戸進出を図る白子屋菊右衛門と対峙している。

近現代以降、関東のやくざは江戸時代の流れを継承し、明確に定まった縄張りに根を張る博徒たちによって、組が構成されていった。これに対し、関西のやくざはテキヤの販売網によって縄張りが決まり、関東ほど整然とはしていなかった。

アウトローも加わった江戸時代のテキヤ集団

縄張りはやくざにとっての財産であり、広がることで権威も上がり、子分たちの地位も上昇する。そのため、縄張りを守ることが何よりも重視された。『仕掛人・藤枝梅安』には、香具師の元締めについて「それぞれの縄張り内の盛り場に出る物売りから見世物興行、さらには娼家などにいたるまで、一手に利権をつかみ、その縄張り争いも熾烈を

SPコミックス『仕掛人 藤枝梅安』第12巻「梅安四万六千日」

『鬼平犯科帳』にも登場する上方の香具師の元締・白子屋菊右衛門の手下・山城屋が、元締の音羽の半兵衛の縄張りを荒らすように指示するシーン。香具師の縄張りは明確に決められていた。

きわめているそうな」という記述がある。

18世紀に入ると、幕府はテキヤ集団にさまざまな公的地位を与えた。その1つとして、テキヤ集団の親分への苗字帯刀の許可がある。テキヤ集団は自分たちの縄張りを守るとともに、市場や寺社境内の行商人の生活を統括する役目を担った。祭りや縁日の際には寺社の責任者とテキヤが交渉し、場所割りの調整を行った。そして、その謝礼として寺社は金を受け取っていた。

テキヤは宿場や盛り場にしばしば姿を見せるが、これらの場所でアウトローな者たちと接し、仲間に加えたりした。混乱期の幕末には、テキヤにおける罪人の割合がグッと高まった。しかし、明治に入るとテキヤに規制が入るようになり、露店営業や見世物興行にも支障が生じるようになった。

非日常空間となった「変態見世物」

世界に誇る「江戸のアクロバット曲芸」

テキヤが仕切る祭礼、行商人の商売において、庶民を楽しませたのが「見世物」である。芸の種類には曲芸や軽業、手品、奇術、物真似、講釈などがある。人の気を引く突飛なものが多く、事前にビラなどを配って告知し、寺社や縁日、街頭に大勢の見物人が集まった。大道芸人は芸を披露し、投げ銭という形で見物料をもらった。

両国広小路や浅草奥山などの有名な盛り場、寺社の境内には見世物小屋が設けられ、大道芸人にとっては格好の稼ぎ場となった。寛永寺のお膝元である上野山下もその1つで、『仕掛人・藤枝梅安』にも、見世物の仮小屋や茶店などが建ち並んでいたという描写がある。

現在、世界にはさまざまなサーカス団があるが、近世後期は日本の曲芸が世界最高峰のレベルを誇った。幕末には海外でも知られ、早竹虎吉《はやたけとらきち》は日本人で初めて海外公演を行った。手やひもの上で独楽を自在に操る「曲独楽《きょくごま》」、1人で2人が相撲を取っているように見せる「一人相撲」などが人気を博した。

変わりダネで客を惹き付けるのがポイント

籠《かご》や貝、瀬戸物などで伝説の人物や鳥獣草木の巨大な人形・細工をつくり、興行にかける細工見世物も好評だった。中には、妖異や怪異といった非日常空間を大胆に表現したものもあった。細工見世物がリアリズムの方向に進むと、まるで生きているような表情が売りの「生き人形」が登場する。松本喜三郎という天才職人を中心に展開し、肌の質感もリアリティにあふれていた。

海外からゾウやラクダなどが舶来すると、それをひと目見ようと多くの人たちが集まった。「珍しい動物を見れば、ご利益を授かれる」ともいわれ、有り難がられた。変わりダネとしては、死体を食うなどという触れ込みの「鬼娘」、全身に熊のような毛が生えた娘の「熊女」、蛇を首や体に巻き付けたりする「蛇使い」などがある。いかに物珍しい芸で客を惹き付けるかが、見世物の成功のポイントであった。

やくざが仕切った興行

アウトローな存在だった江戸時代の歌舞伎

今や日本を代表する伝統芸能である歌舞伎と相撲も、江戸時代までは割と荒っぽく、アウトローな存在だった。歌舞伎は出雲阿国《いずものおくに》が創始した「かぶき踊」が原点で、遊女屋で取り入れられた「遊女歌舞伎」、10代の少年役者が演じた「若衆《わかしゅ》歌舞伎」などが人気だった。しかし、風俗の乱れを懸念した幕府によって、これらは禁止された。その後は成年男性だけが演じられる「野郎歌舞伎」が残り、女性の役も男性が演じた。初代市川團十郎《だんじゅうろう》が「荒事《あらごと》」といわれる演技様式を生み出し、江戸の娯楽として定着した。

歌舞伎役者は江戸のファッションリーダーとなり、さまざまなトレンドを発信した。しかし、それゆえに幕府からは警戒され、規制の対象になることも多かった。天保の改革では7代目市川團十郎が奢侈《しゃし》を理由に江戸から追放され、芝居小屋も浅草の猿若町に移転させられた。だが改革の挫折で息を吹き返し、幕末から明治にかけては、博徒や義賊を主人公にした演目が人気を得た。

江戸時代において、歌舞伎興行を催す際には許可が必要だった。幕府から許可を与えられた者を「座元」といい、スポンサーである「金主《きんしゅ》」から資金を集め、役者や狂言作者と契約して興行を行った。江戸中期以降、座元として興行を許されたのは中村座の中村勘三郎、市村座の市村羽左衛門《うざえもん》、森田座の森田勘彌で、その権利は代々世襲された。

相撲の興行は、神社や寺院の造営や修繕の費用を集めるための資金集め（勧進）で行われることが多かった。一方で、各地の祭礼や盆の行事で草相撲も盛んに行われ、人気を博していた。現在では格式張ったイメージがある相撲界だが、江戸時代は女性の観戦が禁じられており、血気盛んな男たちが好む娯楽であった。だが応援に熱が入りすぎて、見物客同士のケンカも多かった。江戸時代初期の遊里案内書『色道大鏡《しきどう》』には、「悪性」の1つとして角力《すもう》（相撲）を挙げている。博打や男伊達、大酒飲みと並び、「始末に追えないもの」としている。

また、江戸時代には女性力士による「女相撲」の興行もあり、江戸では女性と盲人の相撲が人気を博した。女性力士も体格が立派で、『仕掛人・藤枝梅安』に登場する音羽の半右衛門の妻・おくらは、「まるで女相撲を見るような大女」と紹介されている。

相撲は吉原遊廓、歌舞伎と並ぶ「江戸の三大娯楽」で、活躍すれば江戸のスターとして持てはやされた。しかし、夢破れて国に戻る力士くずれもおり、腕力を買われて博徒の一員になって、賭場の用心棒になったり、ケンカに駆り出されたりした。飯岡助五郎や勢力《せいりき》富五郎など力士出身の著名な博徒も多く、相撲と博徒が紙一重だったのがうかがえる。

戦前戦後の興行界を仕切った近代やくざ

近世までのやくざは、博打を生業とする「博徒」と、露天商を営む「テキヤ」が中心だった。しかし、近代に入ると下層労働者から成り上がった新興やくざが登場し、興行との結び付きを深めていった。明治時代の興行師には博徒を兼ねた者もいて、縄張りを侵されると、暴力的な手段で対抗することもしばしばだった。

相撲や歌舞伎などの地方巡業では、地元のやくざが勧進元となって取り仕切った。やがて映画や流行歌、芝居などの娯楽が登場するが、その興行もやくざの支えなくしては成り立たなかっ

勧進大相撲繁栄之図
江戸時代の神社仏閣はさまざまな権利を持った利益団体・金融業者としての側面があり、相撲の興行が行われた。

た。人気の流行歌手や映画界のスターが、やくざの親分の酒盛りに侍《はべ》らされるのも当然の光景であった。

　また、狭い区域に多くの観衆を集めるという構造上から、興行は暴力による妨害に弱かった。当時は警備会社も無かったので、やくざの暴力から身を守るために別のやくざをボディーガードとして使うことも、当たり前のように行われていた。

　やくざによる興行界の支配は戦後しばらく続いたが、昭和39年（1964）、警視庁が「組織暴力犯罪取締本部」を設置。やくざが運営する興行会社は締め出され、表立ってやくざ組織が興行に関与する機会は激減した。

やくざの掟・任侠道の作法

紙一重な存在だった任侠道と武士道

江戸時代、人々がやくざの世界に足を踏み入れる理由はさまざまだが、ゴロツキ集団をまとめるのは容易ではなかった。そこで取り入れたのが武士道の精神であると、多くのやくざ研究者や知識人が述べている。明治・大正時代の国粋《こくすい》主義者である杉浦重剛《じゅうごう》は、「日本人は生まれながらに大和魂を持つが、その魂が武士に顕《あらわ》れれば武士道、町人に顕れれば侠客道だ」と述べている。

そもそも「侠客」とは、「弱きを助け、強きを挫《くじ》く」という任侠の精神を有する者たちを指す言葉である。古代中国の春秋時代に生まれたとされ、漢の初代皇帝・劉邦も任侠の徒だったといわれる。歴史書の『史記』には「遊侠列伝」という侠客を紹介する項があり、著者の司馬遷《しばせん》は「(遊侠は)法を破るものの、行動が勇猛果敢で、約束したことは必ず守り、困っている者のために命をかける」と定義している。

侠客の人気が高かったのは、彼らが武家を頂点とする封建体制に反発するアウトローな精神を持っていたからだ。ところが、侠客の生き方の根底には、彼らが嫌っていた武士たちの精神性があった。任侠道と武士道は一見かけ離れているように見えるが、実は近いところにあり、「やくざは武士の倫理的継承者である」という見方もある。

こうしたやくざの精神性は、江戸時代の町火消がルーツだったともいわれる。彼らはそれぞれに本業を持ち、火事が起きたら火消として消火活動にあたった。消防車も消火器も無いので命がけだったが、それでも彼らが立ち向かったのは、「弱きを助け、強きを挫く」という任侠の精神性を持ち合わせていたからだ。火災に立ち向かう町火消は江戸のヒーローとして称えられ、人気を集めた。

親分と子分という擬似的な親子関係を築く

任侠の世界では仁義が重視されたが、その象徴ともいえるのが、「お控えなすって」の口上である。これは、「お控えください。まずは私から自己紹介させてください」という意味の言葉で、訪ねた側から礼儀正しく挨拶をするのが任侠道の作法であった。この挨拶の形式を「仁義を切る」と呼び、自己紹介の名乗りをいかに淀み無くできるかで、侠客としての力量も問われた。初対面の親分の前で言い間違えたり、つっかえたり

『侠客本朝育之内』幡随院長兵衛
江戸時代初期の町奴の頭領で、「弱気を助け、強気を挫く」を建前とする侠客の元祖といわれる。

すると袋叩きにされることもあったので、仁義を切る側も必死だった。

また、江戸時代後期になると博徒の集団化が進んでいくが、そこで重視されたのが、親分・子分・兄弟分の関係性であった。やくざの組織は、親分と子分という上下の身分関係を中心に構成されている。血のつながりが無くても擬似的な親子関係を築き、子分の間でも兄弟の関係性が構築された。親分は子分の子どもを跡目にしないのが一般的で、実力のある者が相続をした。親子や兄弟の縁を結んだ者たちが「組」をつくり、自分たちの領分である縄張りを支配した。

親子の縁を結ぶ際には、「盃事《さかずきごと》」という、盃を交わす儀式が行われた。組織において最も重要で、古くからの作法によって厳粛に行われた。ほかにも、跡目相続や兄弟盃、和解の盃など、やくざの世界では盃を取り交わす風習があった。

また、やくざの世界には厳格な「掟」があった。これは組織の一体性を保持していくためのもので、組織内において親分は絶対的な存在であった。親分の命令であれば、そ

SPコミックス『仕掛人 藤枝梅安』第2巻「梅安晦日蕎麦」

闇社会には独自のルールがあり、『仕掛人・藤枝梅安』では、仕掛人の定法を破った元締めが藤枝梅安によって暗殺されるエピソードがある。

れがどんなことであっても従うのが子分の役目とされた。『仕掛人・藤枝梅安』でも、香具師の元締めである音羽の半右衛門が、宿敵である白子屋の江戸の拠点・山城屋に潜入させる任務を部下に命じている。また、半右衛門は手持ちの仕掛人も抱えていたが、抜群の剣の腕を誇る西村左内は、金が無くならないと任務を受けない信条の持ち主だった。

命令に従わない者、重要な行事に参加しない者は不義理とみなされ、場合によっては指詰の上に破門されたり、簀巻《すま》きの川流しとして〝消される〟こともあった。そうでなくても、「あいつは臆病者だ」と、肩身の狭い立場に置かれたりもした。

捜査の手先となった元犯罪者・岡っ引

❖幕府が設置した「関八州取締出役」

近世の村落は村請《むらうけ》制度によって行政機関の一部を担う共同体であり、独自の警察権や裁判権が存在した。そのため犯罪が起きた際には自力の法秩序によって解決に導いていた。しかし、江戸時代後期になると村の秩序から逸脱する者が増え始め、村落の力では抑えきれなくなった。そこで文化2年（1805）、幕府は治安対策として「関八州取締出役（八州廻り）」を設けた。関八州（武蔵・相模・上野・下野・常陸・上総・下総・安房）を天領・私領関係なく巡回し、犯罪の取り締まりや治安維持を行った。

八州廻りは関東の代官の手附・手代から選ばれたが、最初は8人しかいなかった。徐々に数を増やしたが、これでは到底機能できないので、村の事情に精通していた者が「道案内」として捜査に協力した。

道案内は犯罪歴がある者が多く、中には現役の博徒もいた。本来は村役人を定める決まりだったが、八州廻り側も検挙率を優先し、その道の知識やネットワークを有した元犯罪者を起用した。しかし、道案内の中には警察権を振りかざし、利権をむさぼる者も少なくなかった。口述捜査の偽造、根も葉も無い噂話に基づく捜査はマシな方で、礼金をカツアゲしたり、恨みを持つ者に罪をなすり付けるなど、やりたい放題だった。

また、八州廻りの間にも不正が蔓延し、役人や宿場の主人との癒着が横行した。あまりに不正が目立つので、天保10年（1839）には13人の八州廻りが摘発された。

道案内と八州廻りが不正に走った背景には、彼らの賃金の低さがあった。道案内は所属する村から年に2回の米1升、八州廻りは20俵2人扶持で、不足分は自分で調達しなければならない。そのため、役人の間でも腐敗が横行するようになり、役人と対立した博徒はアウトローとして人気を博した。

幕末になると八州廻りは増員されたが、開国などで

鉄製 目明かし十手
明治大学博物館 所蔵
岡っ引（目明かし）は公認の役人ではないため、同心のような武器の所持はできなかったが、犯人逮捕など許可された場合には、十手を預かり使用した。

政局が目まぐるしく変動し、博徒は野放しになった。一方で、武装化した博徒集団を傭兵として活用するなど、博徒の立ち位置も変わっていった。

元犯罪者が「岡っ引」として取り締まる

江戸では、町奉行の部下である与力や同心が市中を警備したが、百万都市の治安を守るには明らかに人員不足だった。そこで、同心は「岡っ引」と呼ばれる前科者や軽犯罪者、さらには現役の博徒を私財で雇った。岡っ引は「目明かし」「手先」「御用聞き」とも呼ばれ、お上の捜査に協力した。江戸の警察権力の象徴である十手は常時携帯しておらず、必要時に奉行所から貸し与えられた。

雇うといっても小遣い程度なので、野村胡堂の小説『銭形平次捕物控』の主人公・平次のように専業で活躍する者は少なく、多くは本業の傍らで活動していた。彼らが捜査を助けたのは、自分の罪を軽減してもらえるというメリットがあったのも大きかった。「博徒が岡っ引になって博徒を捕らえる」という矛盾も生じ、そこから「二足の草鞋を履く」という言葉も生まれた。

岡っ引はそのスジの者なので犯罪事情に明るい一方で、道案内と同じように、奉行所の権威を悪用する者もいた。金品を脅し取ったり、賄賂を受け取って犯人を逃がすなどし

SPコミックス『仕掛人 藤枝梅安』第13巻「梅安無縁仏」
お上の権威を振りかざす岡っ引の辰平が、町の人々から嫌われる様子が描かれている。

て、捜査の邪魔になる例も少なくなかった。小遣い程度の金銭で捜査に携わらせているので、そのような弊害が出るのはある種当然のことだったともいえる。

あまりにやりたい放題だったので、幕府も「岡っ引は町奉行所が雇った者ではない」というお触れを出した。8代将軍徳川吉宗は岡っ引を嫌い、厳しく処分するなどして廃止を試みた。しかし、人手不足で苦しむ同心にとっては必要な存在だったので、すぐに復活した。幕末期には400～500人の岡っ引がいて、子分も含めると1500人以上にもなったという。

『仕掛人・藤枝梅安』でも、不正に手を染めて仕掛に遭う役人が数多くいた。「おんなごろし」に出てくる久留米藩御用取次役・伊藤彦八郎は殿様に気に入られ、職権を濫用《らんよう》して賄賂を集めていた。重臣たちは手を焼き、仕掛の依頼に至った。

コラム

国定忠治と清水次郎長

江戸時代の博徒の中で最も義民視されたのが、上州の国定忠治である。小説や歌舞伎などで幾度も取り上げられ、「赤城の山も今宵限りか」の名文句がよく知られている。裕福な農民の家に生まれた忠治は少年時代から粗暴で、青年期に出奔して博徒になった。親分となって縄張りを広げていくが、関東取締出役の追求が厳しくなり、多くの子分を失った。そして、嘉永3年（1850）に捕縛され、磔刑に処せられた。

忠治が義民化したのは、幕末の旗本・羽倉簡堂が著した『赤城録』（『劇盗忠二小伝』）に拠るところが大きい。「天保の飢饉の際に私財を投じて窮民を救った」という記述があり、死後、美化されて義民のイメージが強まった。

博徒でありながらヒーローになった人物としては、駿河国（静岡県）清水に縄張りを持った清水次郎長もいる。米穀商の養父が亡くなると博徒になって出奔し、諸国を巡った末に清水で一家を構えた。幕末期はライバルの組との抗争に明け暮れ、戊辰戦争が始まると駿府周辺の治安維持を命じられた。幕府の船が沈んだ際には遺体を埋葬し、その義侠心が称えられた。明治時代は事業家となり、明治26年（1893）に没した。

第5章 大江戸商売事情

多くの盗賊や貧しさから故郷を捨てた者たちが目指した江戸には、大店《おおだな》を構える豪商、大名や旗本などに金を貸し付ける札差《ふださし》、3000店を超える問屋などが軒を連ねた。巨万の富が集まった江戸の商売について紹介しよう。

庶民の給料と江戸の物価

「狙い目」だった諸藩の江戸屋敷

『鬼平犯科帳』には一人働きをする馴馬《なれうま》の三蔵《さんぞう》や石川の五兵衛などの盗人が登場するが、江戸時代の盗賊の手口も、1人や少人数で行う侵入盗と、徒党を組んで大勢で盗みに入る押し込みとに分かれた。

『鬼平犯科帳』では「こそこそ盗め」と呼ばれる侵入盗が狙ったのは、主に大名屋敷だ。『鬼平犯科帳』では、火付盗賊改の対象が町人や百姓のため、多くの人々で賑わう江戸の商業地を中心に描かれている。ところが、実際には江戸の街の6割は武家地、人口の半分は武士が占めていた。

幕府の基準では、大名屋敷の広さは1万石程度ならば2500坪、5万石程度ならば5000坪、10万石以上で7000坪だったが、実際にはさらに広く、尾張徳川家の下屋敷で約14万坪、加賀藩下屋敷では約22万坪と規格外の屋敷も少なくなかった。幕末における諸大名が持つ屋敷の数は762ヶ所、総面積は750万坪に上った。天保3年（1832）に捕縛された鼠小僧次郎吉は、大名屋敷を専門とした盗人で、大名屋敷は見かけの大きさに比べて警備は手薄で忍び込みやすかったという。

鼠小僧がどれほどの金額を盗んだのかはわからないが、諸藩が江戸藩邸に多額の費用を使っていたことは間違いない。諸藩の江戸藩邸における年間経費を見てみると、10 2万石の加賀藩（1747年）で10万1284両、21万石の久留米藩（1815年）で2万7406両、15万石の松山藩（1850年）で1万4004両となっている。

鼠小僧と違い、押し込みは豪商や豪農、土蔵、寺社などを狙う。金を溜め込んだ大店の商家などでは、戸締りや建物の防犯設備も充実しており、時に用心棒も雇われていたため、人数が必要だった。押し込みの手口は『鬼平犯科帳』に描かれているような、引き込み役に内側から戸を開けさせたり、あらかじめ用意した合鍵を使ったりもしたが、戸口を無理やりこじ開けることが多かったようだ。侵入すると家の者を縛り上げて金のありかに案内をさせた。

盗むものは、反物や衣類など換金できるものは根こそぎ取っていった。『鬼平犯科帳』では盗賊団が押し込み後に船で逃走するシーンがしばしば描かれるが、実はこれは理に叶っている。一番のお宝である千両箱は約15キログラムもあり、これを運びながら徒歩で逃走することは難しいからだ。

❖江戸時代の人件費は安く、食べ物は割高

では1000両は現在ではいくらにあたるのか。この答えは当時の物価が現在と異なるために一概にはいえない。例えば、米5キログラム＝2100円として計算すれば1両＝約6万3000円、大工の日当＝1万5000円を基準とすると1両＝約34万5000円となる。よく使われるのが蕎麦の値段で、立ち食いのかけ蕎麦1杯＝320円を基準にすると1両＝約13万円となる。基準にするものによってずいぶん差が出てしまうが、中間を採って1両13万円とした場合、千両箱は1億3000万円となる。

『鬼平犯科帳』や『仕掛人・藤枝梅安』の時代設定に近い19世紀前半の物価について見てみよう。この時代の公定価は1両＝6500文のため、1両13万円とした場合、1文＝20円となる。

酒は1升あたり200文＝4000円、鮭は1匹250文＝5000円、柿1個6文＝120円と、全体として現在よりも若干割高だ。鶏卵は価格の優等生として現在ではあまり価格が変動しないことで知られるが、1個あたり7文＝140円になり、現在の7倍の価格で、江戸時代には高級品だった。

『職人尽絵詞』に描かれた屋台

右にある四文屋はおかず1つが4文＝80円均一で人気だった。ちなみに江戸時代の貨幣は４進法のため、庶民のファストフードでは４の倍数の価格が多い。

一方、人件費は現在よりもだいぶ安い。髪結は1回16文＝320円、前述した大工の日給も1両＝13万円で計算すると5600円ほどになる。武家の下女の賃金は年間2〜3両のため、食住が保障されているものの、年収26〜39万円とサラリーマンのお小遣い程度だったようだ。

『鬼平犯科帳』では軍鶏《しゃも》鍋屋の五鉄がしばしば登場するが、当時の軍鶏鍋は1枚500文で1万円となる。現在では高級品の鰻《うなぎ》だが、鰻飯の場合は1杯64文＝1280円、屋台の場合は鰻1串は、かけ蕎麦と同じ16文で320円となり、江戸時代にはファストフードだったようだ。

江戸の高利貸し・札差《ふださし》

旗本・御家人専門の金融業者

『鬼平犯科帳』の「決闘」では、のちに長谷川平蔵の密偵になるおまさが、盗人の引き込み役として札差「大月」に住み込みで働いていた。札差とは幕臣の旗本・御家人を客とする金融業者だ。江戸時代中期に商工業が発展するとそれに伴って、金融業も発達していった。こうして登場するのが、札差である。

旗本・御家人の大半の給料（禄米）は蔵米で支払われたが、この蔵米（給料）の受け取りや売却の代行を行っていたのが札差だった。ところが、米の値段は年や時期によって変動し、また江戸時代全期を通じて物価は上昇していったため、旗本・御家人も経済的に困窮するようになった。

札差は本来、代行した業務の手数料で利益を得る業者だったのだが、預かっている蔵米を担保に武士にお金を貸すようになった。こうして札差は金融業者になっていったのである。札差の金利は高く、年利は15〜18％だったという。

やがて借金を返済できない旗本・御家人も現れるようになった。このような中で、後述する相対済令《あいたいすましれい》を奉行所による民事不介入の宣言と捉え、武士という立場を利用して借金を踏み倒そうとする者も現れた。札差の側も、借金を返済しない旗本や御家人に対して、江戸城前で待ち伏せて、借金返済を求める旗を振ったり、自宅に押しかけて玄関に居座ったりするなどした。

江戸の街の訴訟の7割は金銭トラブル

享保3年（1718）の江戸町奉行所の訴訟総数は、4万7731件にのぼる。このうち金銭訴訟は3万3037件を数え、全体の約7割に達していた。このような状況下で、享保4年（1719）に8代将軍徳川吉宗によって相対済令が出された。相対済令は江戸周辺を対象とした法令だったが、債務者が、債権者にとって回収が困難な遠隔地にいる場合は、奉行所が債権者をサポートした。

吉宗の相対済令よりも約50年前に出された寛文3年（1663）の相対済令では、6里（約24キロメートル）以上離れた遠方の債務者とのトラブルは不受理としていた。吉宗の相対済令は、債権者保護をより強めたものといえるだろう。享保5年（1720）

には借金を踏み倒そうとする不埒者がいた場合には、札差は町奉行所に訴えるようにと述べている。

札差とよく似た金融業者に「掛屋」がある。掛屋は主に諸藩から大坂にある大名の蔵屋敷に送られてきた年貢米と産物を換金し、それを大名に送金する仕事をしていた。掛屋も札差同様、米を担保に貸金業を営むものも多く、このような掛屋は「大名貸し」と呼ばれた。巨万の富を築いた掛屋として、大坂の鴻池家、平野屋、天王寺屋などが知られる。

100億円以上を債権放棄しても潰れない札差

相対済令と似た政策に、寛政元年（1789）に出された棄捐《きえん》令がある。寛政の改革の中で出されたもので、天明4年（1784）以前の借金を帳消しとし、さらに翌年以降の借金は低利とするものである。さらに、天保の改革時の天保14年（1843）には、無利子・年賦返済とする法令が出されている。これによって札差は債権を失ったのである。帳消しにされた札差の寛政元年時の債権額は118万両以上だったという。

『鬼平犯科帳』の舞台である寛政の改革当時の江戸の札差は、蔵前にある天王町・御蔵前片町・森田町に18組合があり、96の札差があった。このうち、寛政元年（178

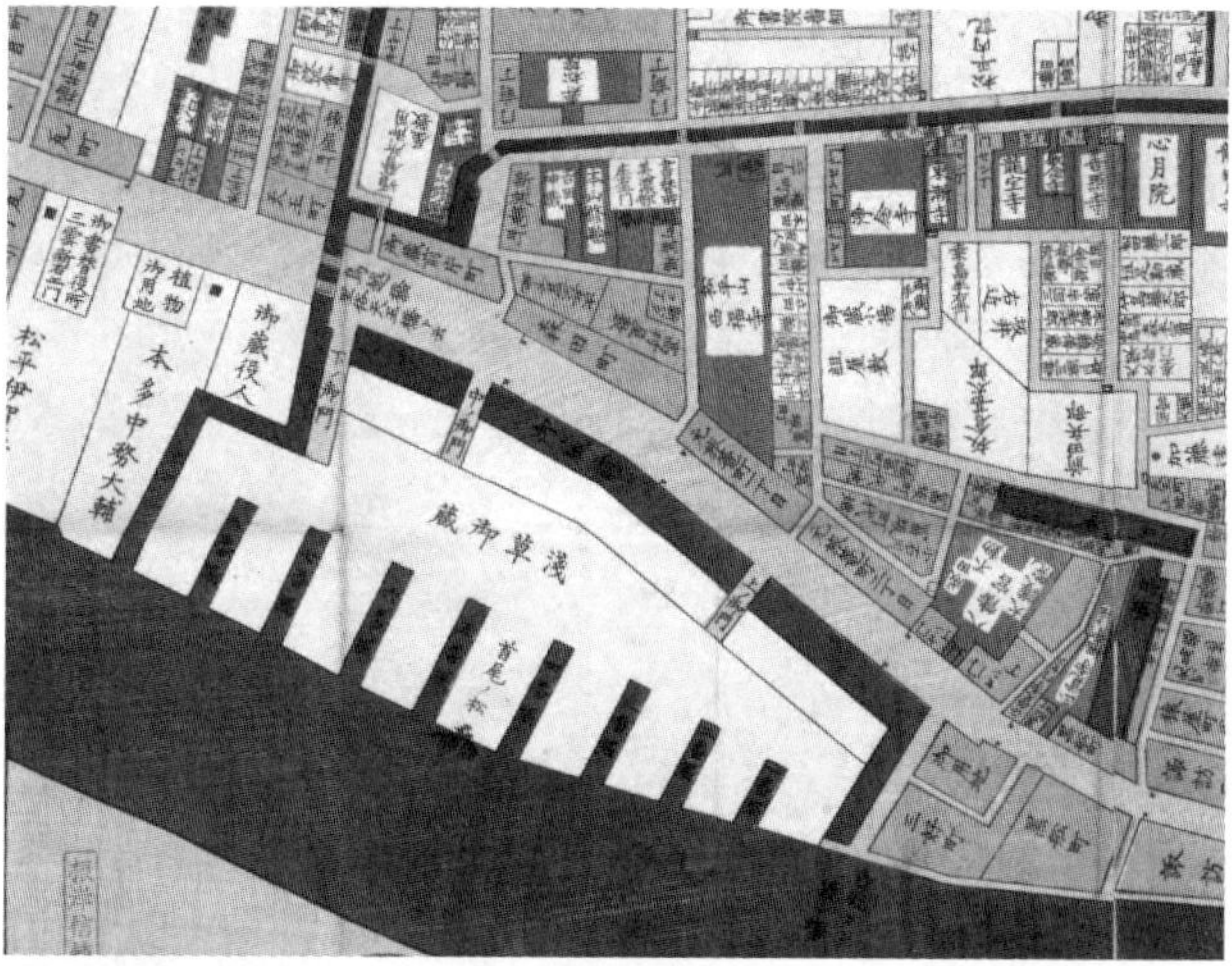

浅草御蔵前辺図

旗本や御家人の給料である米が納められる蔵が立ち並ぶ蔵前には、米が運ばれてくる船着場である一番から八番の堀があり、その前に札差が属する天王町、御蔵前片町、森田町がある。

9）の棄捐額で最も多かったのが、天王町二番組の伊勢屋四郎左衛門の8万3000両であり、1両13万円として約107億9000万円もの債権が帳消しになったことになる。ところがこの四郎左衛門は、文化14年（1817）にも変わらずに札差を続けており、いかに当時の札差が多くの資産を持っていたのかがわかるだろう。

問屋の数は約3000店

盗人たちが狙った江戸の大店

『鬼平犯科帳』では、多くの商家が盗賊の被害に遭うことで物語が始まることが多いが、実際に江戸の街には豪商と呼ばれる商家が数多くあった。

江戸の商家は、「大店」「中店・小店」「棒手振り《ぼてふ》」の3つに大別される。町人地の通りに面する「表店」には商家が軒を並べていた。メインストリートである南北の日本橋・京橋通りと東西の本町通り界隈には、大店が立ち並んでいた。江戸の豪商として最も有名なのが、時代劇で「越後屋」として登場し、のちの三越の元になった越後屋呉服店である。

三重県松坂の出身である三井高利は、江戸で三井越後屋を開き、両替商としても成功した。江戸での商いは、基本的に掛け売りで、客は盆暮れなどにまとめて代金を支払った。さらに値札は無く店と客が交渉して値段を決める「相対《あいたい》売り」だった。これに対し

『東都名所』駿河町之図
のちに三井財閥となる越後屋は、「現金掛け値無し」の画期的なビジネスモデルで大繁盛し、江戸有数の豪商となった。手前には魚を売る棒手振りが描かれている。

て、高利はもともと値引きした額の正札（値札）を付けてその場で現金払いをする「現金掛け値無し」のシステムを取り入れ大成功した。客としては交渉の手間が省け明朗会計となり、店側も掛け金の踏み倒しの恐れもなく、すぐに現金を手に入れることで経営も安定した。享保18年（1733）には、683人の奉公人がいたといわれる。このほか、日本橋南の大通りには白木屋呉服店があり、京橋の尾張町には布袋屋・亀屋・恵比須屋の三店の呉服店が並んでいた。

江戸に多いものとして、「伊勢屋、稲荷に犬の糞」といわれるが、これは江戸に伊勢商人や近江商人が集まったためだ。前述の三井高利も伊勢出身である。江戸にあった大店の中には、西日本の経済の中心地である大坂や京都、伊勢や近江に本店（仕入れ店）がある場合もある。江戸の大店は支店にあたり、奉公人だけということもあった。数百人規模の大店に対して、奉公人が数十人程度の店は「中店」と呼ばれ、木綿や薬などを扱うことが多かった。

上方などに本店（仕入れ店）があることからわかるように、江戸の商人は各地から送られてくる商品を引き受けて商売をしていた。やがて、江戸の商人たちはより利益が大きい、直接買い付けによる販売にも手を伸ばすようになった。17世紀後半になると同業者同士で問屋仲間をつくり、商品の輸送管理を共同で行った。そのため、江戸で最も多い商店は問屋で、約3000店あったといわれる。

「超ブラック」だった奉公人

店のオーナー経営者は、基本的に世襲で、中にはあまり経営にかかわらない者もいた。実質的に店を取り仕切るのは「番頭」であり、奉公人の中から選ばれた。商品の仕入れから接客、営業など、実質的な経営を行った。ただし、番頭になるまでの道のりは遠い。

まず10～13歳に「小僧」として住み込みで奉公することになるが、小僧は無休で、実家に帰ることができたのは年間2日間のみだった。掃除や商品の運搬などの雑用を行うとともに、読み書きそろばんを学んだ。店は明六ツ（日の出）から暮六ツ（日の入り）まで開いていたので、奉公人は夜明け前から夜遅くまで休む暇がない。小僧として10年ほど奉公すると「手代」に昇進し、さらに10年ほどで能力が認められた者は番頭となった。もし、商家の御曹司が放蕩息子だった場合は、番頭が養子として入り、商家を継ぐこともあった。

『鬼平犯科帳』では盗賊たちが、金が納められている土蔵の鍵を開けるために、商人を脅したり、合鍵で開けるシーンがあるが、大店には実際に土蔵がつくられた。土蔵は盗賊団から財産を守る役割もあったが、江戸では火事が頻発したため、住居とは別に耐火性の強い土蔵が設けられた。火事の際には窓や扉を閉めて、隙間に練り土で目張りをした。このほか、床下に穴蔵を設けて財産を入れて、防火のために上から砂をかけて収納する場合もあった。

こうした店を構えることができない零細商人は、棒手振りと呼ばれる方法で販売を行った。棒手振りは食品や日用品、生活必需品などを天秤棒の両端にぶら下げて売り歩く行商人である。『鬼平犯科帳』でも小房の粂八が棒手振りとなって、情報収集をしたり探索を行ったりする様子が描かれている。

消費社会・江戸の職業

街全体が「我が家」として機能

『鬼平犯科帳』をはじめ、時代劇の庶民の住宅としてお馴染みなのが長屋だ。町屋敷の表通りに面した場所には表店が建ち並び、その奥に長屋（裏店）があった。表店に住んでいたのは比較的裕福な町人で、一般庶民の多くは通りに面していない長屋（裏店・裏長屋）に住んでいた。表店と表店の間にある木戸が入り口になっていて、くぐると狭い路地があり、その両側に長屋が並んでいた。長屋には共用のスペースがあり、必ずといってよいほど稲荷の祠が祀られていた。

長屋は個々の家に水道が引かれていなかったので、住人たちは共用のスペースに置かれていた井戸（上水）を利用した。住人は水を汲みに行ったり、井戸の周りで洗濯をしていたが、井戸端に集まって世間話をする姿から「井戸端会議」という言葉が生まれた。19世紀の長屋は、家族で住むため、6畳ひと間と台所・玄関の土間からなる4坪ほど

『近世職人尽絵詞』
江戸の街では、穴が空いた鍋などは
職人が修理するリサイクル業のほか、
寝具などのレンタル業が発達した。

の二階屋となったが、水道のほか、トイレや「芥溜《ごみため》」と呼ばれる不要物入れが共用スペースにあった。また、各戸に風呂がなかったので、朝夕に町の銭湯を利用した。

繁盛した修理屋やレンタル店

飲食以外で、特に江戸で発達したのが修理屋やリサイクル業である。江戸時代の人たちは、使えなくなったものをすぐには捨てなかった。例えば、瀬戸物が欠けても、上手にくっつけて再利用した。鍋や釜といった金物類は、壊れた部分はハンダや銅などで修理した。

木や布、紙でできたものも直して使

い、江戸っ子の代表的な履き物である下駄も、鼻緒が切れたら布やひもで代用し、歯がすり減ったら新しいものに交換して使い続けた。寺子屋（江戸では手習所）で使用した教科書は丈夫な和紙でつくられており、100年以上使ったという記録もある。

皆が再利用していたので、修理を仕事とする職人も多かった。割れたり、欠けた茶碗や皿をくっつける「焼きつぎ屋」は18世紀末から行われ、彼らの台頭で食器を売る瀬戸物屋の売上が減ったともいわれる。下駄を直す職人は木ヅチやカンナ、ノミなどを箱に入れて持ち歩き、注文が入るとその場で作業を行った。鍋や釜を直す「鋳《い》かけ屋」も道具を持ち歩き、その場で壊れた箇所に金属を流し込んで修理した。

ほかにも、破れた傘や提灯を張り替える「張り替え屋」、刃物を研ぐ「研ぎ屋」など、さまざまな職人が活躍していた。百万都市である江戸は修復の需要も多かったので、江戸の町には職人が多く住んでいたが、その1つが現在の神田地域である。同業の職人たちが集住して職人町が形成されたが、「鍛冶町」「紺屋町」などの地名はその名残でもある。

現代ならば、新しいものが売れないと、経済が停滞する可能性もあるが、江戸には壊れたものを修復するための雇用があったので、リユース文化が維持できたのである。

江戸時代、新しい着物を仕立てられるのは富裕層に限られていたので、庶民は古くなった着物を買い取って売る古着屋を利用していた。当時は布が貴重だったので、仕立てでも半端な部分を残さなかった。また、着物は体に合わせて布を裁断できるので、ムダな裁ち落とし部分が出てしまう洋服と違い、端切れが出なかった。

古着だからといって古めかしいものを我慢して着るのではなく、最先端のファッションも楽しんでいた。例えば、江戸時代には縞《しま》模様の柄が流行ったが、庶民は古着屋で縞模様の着物を手に入れていた。江戸の古着屋街は神田川沿いの柳原土手（現在の神田万世橋あたり）にあり、江戸っ子だけでなく、江戸周辺の人たちも古着を買い求めに来たという。

着物が傷んで擦り切れたからといってすぐには捨てず、つくろいや継ぎあて、仕立て直しを繰り返して使い続けた。子ども用に仕立て直したりもした。衣類の修繕は日常茶飯事なので、当時の庶民の女性にとって針仕事は欠かせなかった。現代では子どもの成長に合わせて子ども服を買うが、着物は成長に合わせて仕立て直しをすればよかったので、長く使い続けることができた。着るのがいよいよ限界に達したら、おしめや雑巾などにして、最終的には燃やして灰にしたという（灰の活用法は後述する）。

また、江戸では「損料屋《そんりょう》」というレンタル業者の走りのような店があり、庶民に重宝された。店では布団や蚊帳、宴会用の食器など、ありとあらゆるものを借りることができた。庶民が住んでいた長屋の部屋は6畳程度で家財道具を置く余裕もなく、火事も頻繁に起きたので、買うのではなく借りるのは合理的な選択といえる。

紙屑も糞尿もお金になった

使えなくなったものもゴミとして捨てず、新しいものにするための資源として活用された。例えば、藁や木くずなどを燃やした際にできる灰はアルカリ成分が多く、焼き物の釉薬《ゆうやく》（陶磁器の表面に付着したガラスの層）に使われたり、火鉢の中に入れるなどして活用した。灰を買い集める「灰買い」もいて、集めた灰はお酒や紙をつくるときに使われたり、肥料や洗剤、染料など、幅広く活用された。そのため、どの家にも灰を溜めるための箱や小屋があったという。また、江戸の人々はアサリやハマグリなどの貝類を好んで食べたが、残った貝殻を焼いて貝灰をつくり、漆喰《しっくい》（消石灰を主原料とする塗り壁材）として活用した。

道に落ちている紙くずや木くずも再利用されたので、これらを拾い集めるのを生業にする人たちもいた。紙くずは再生紙として生まれ変わり、木くずは燃料用として銭湯などに売られた。ほかにも、古くなった包丁や鍋などのくず鉄を買い取る「古鉄買い」、壊れた傘を買い取る「古傘買い」などがいて、集めたものは新しい鉄製品や傘などに再活用された。こうした回収業者は、現代でいう清掃業者の役割も担っていた。そのため、江戸の町にはゴミがほとんどなかったのである。

数ある江戸のリサイクルの中でも、人間の排泄物（糞尿）の回収再利用システムは特に画期的だった。排泄物は、発酵させると「下肥《しもごえ》」という質のよい肥料になる。そのため、江戸近郊の農民たちは排泄物を汲み上げて、買い取っていた。都市と近郊農村の間で、回収と利用の循環システムが完成されていたのだ。

記録によると、買取価格は長屋の共同便所で年間10両（現在の約130万円）。私たちが日々何気なく出すものが、江戸時代にはこれだけのまとまったお金に化けていたのだ。江戸時代半ばになると、多数の契約先を有し、運搬船を使って大量に運ぶ業者も現れた。排泄物は一大マーケットとなり、最盛期には10万両（現在の約130億円）もの市場規模を誇ったという。

排泄物の処理は今も昔もデリケートな問題で、しっかりと取り組まないと大変なことになる。江戸時代の日本では、便所はいわば「金のなる木」だった。そのため、公衆便所が町のいたる所に設けられ、井戸やゴミ箱なども設置された。

庶民の胃袋を支えた江戸の飲食業

屋台・カフェ・居酒屋など飲食産業の発展

『鬼平犯科帳』や『仕掛人・藤枝梅安』には、菜飯《なめし》や白魚の卵とじ、ハゼの煮物、アサリの鍋などさまざまな料理が登場する。実際に当時の江戸の街では食材も豊富で、調理方法もバリエーションに富み、現在でも遜色ない味わいの料理が多かったようだ。

近郊で獲れた豊富な食材、流通網の発達によってもたらされた調味料や鰹節などから、長屋暮らしの家族が多かった江戸では、菜屋や煮売屋と呼ばれる惣菜店が大繁盛した。主食はご飯が1種類だが、菜屋・煮売屋などで買われた副食物を数種類を付けたので、「お数（おかず）」と呼ばれるようになった。ちなみに「八ツ」（午後2時頃）に軽食を取る「おやつ」の習慣が登場したのも江戸時代である。

店舗を構える店以外に、移動式で、煮しめ、茶飯、雑炊、蕎麦、天ぷらなどをその場で食べられる、多種多様な屋台が存在した。大店が集まる繁華街はもちろんのこと、火事が多かった江戸に設けられた火除け地である広小路には、恒久的な建物を建てることが禁止されていたため、床店《とこみせ》（床見世）と呼ばれる移動式店舗や、よしず張りの見世物小屋などが並んだ。特に両国広小路（現在の東日本橋あたり）は江戸一の賑わいといわれた。

時代劇では、茶屋がよく登場するが、このカフェ文化が流行したのにも理由がある。関西ではお茶を煮出してつくり置き、客に提供していたが、江戸では、注文ごとに茶こしに茶を入れ、熱湯を注いで提供した。これは濾茶《こしちゃ》と呼ばれる。江戸後期の『守貞漫稿』には、「京都・大坂の粗茶の宿煮（煮出した茶）よりも濾茶の方がはるかにまさっている」とある。こうしたお茶と団子などを供する茶屋・水茶屋が出現したのが江戸初期の寛文・延宝年間（1661〜1681）の頃だというから、江戸では早くからカフェ文化が広まったことがわかる。腰掛茶屋の場合、お茶一杯が大体5文（100円）程度だった。

『鬼平犯科帳』の「兇賊」には、居酒屋・加賀やが登場するが、この居酒屋が誕生したのが、江戸の鎌倉河岸だった。元文年間（1736〜1741）に酒店の豊島屋が店を改造し、馬方田楽と呼ばれる大きな田楽豆腐とともに酒を提供。「でんがくを喰い喰い離れ馬を追い」と川柳で詠まれるほど大賑わいとなった。それまで酒は量り売りで持ち帰りが基本だったが、料理と酒をその場で味わえる居酒屋が誕生したのである。

コラム

江戸時代に全国に広がった貨幣制度

それぞれ別の地域でつくられていた金・銀・銭貨《せんか》の貨幣を統一したのが徳川家康である。金貨は、江戸金座の後藤家によって慶長小判、慶長一分金が製造された。慶長金をはじめ、これ以降の江戸幕府が発行する金貨はすべて価値が刻印された計数貨幣である。一方、銀貨は大黒家が管理者となり、銀座（銀貨製造所）で製造された。銀座は現在も地名として残っているが、金座は現在の日本銀行本店がある地にあった。金貨と銀貨は全国で一様に使われたわけではなく、東国では主に金貨が、西国では主に銀貨が流通し、この傾向は明治時代まで続く。

慶長金銀は慶長6年（1601）に製造が開始されている。一方、銭貨の発行は寛永13年（1636）のことで、35年も遅れている。これはすでに大量の中国銭が出回っていたためである。家康は慶長13年（1608）と慶長14年（1609）に、中国銭と金貨・銀貨との公定歩合や使用できない中国銭を定めた。このため、日本の銭貨の発行は遅れたのである。

第6章

吉原遊廓と花魁の世界

時代劇で有名な吉原は、2万坪以上の敷地に200店舗以上の妓楼が立ち並び、外界の身分や法律、道徳が通用しない治外法権的な特殊なエリアだった。さまざまな人間が行き交った閉ざされた世界・吉原の実態について見てみよう。

幕府の公認で誕生した吉原遊廓

最初の吉原は日本橋人形町に置かれる

吉原は幕府の許可を受けた遊廓として、元和3年（1617）に開業した。江戸は幕府が開かれたことで都市整備が行われ、多くの武士や職人が集まってきた。その結果、江戸は爆発的に人口が増えたが、男性が圧倒的多数を占めた。これを商売の好機と見た遊女屋が続々と江戸に進出した。

江戸の遊女屋は大いに栄えたが、楼主《ろうしゅ》（遊女屋の主人）たちは「幕府の公認を得た方が、より利益が得られる」と考えた。そこで、合同で「江戸に公認の遊女町をつくりたい」と幕府に願い出た。幕府の側も、遊女町が1ヶ所にまとまっていた方が治安維持に都合がよかったので、これを認可した。こうして誕生したのが吉原遊廓で、最初は現在の日本橋人形町辺りに置かれた。

幕府は遊廓設置に際して、「元和五ヶ条」と呼ばれる5つの条件を付けている。

一、吉原以外での遊女屋稼業は行わない。
二、遊女屋には1日1夜以上泊まらせない。
三、遊女にはぜいたくな着物は着させない。
四、遊女屋の店構えは質素にする。
五、不審者がいたら必ず奉行所に訴え出る。

吉原遊廓の立役者は、小田原北条家に仕えた武士の家に生まれた庄司甚右衛門だといわれる。当時の人形町は湿地帯だったが、甚右衛門は葦《よし》を刈り取って整備した。この逸話から「葦原《よしわら》」と名付けられ、のちに縁起がよい「吉」の字が付けられて「吉原」になったとされる。

江戸は都市の発展とともに人口が増え、湿地帯だった吉原周辺にも人家が建つようになった。幕府は風紀の乱れや治安の悪化を懸念し、明暦2年（1656）に吉原の移転を命じた。この時、幕府が移転先として提案したのが、浅草寺《せんそうじ》の裏手にあたる日本堤と、隅田川の向こうにある本所だった。どちらも郊外だったが、当時の隅田川には橋が架かっていなかったので、日本堤に移転することになった。移転後の吉原は「新吉原」、移転前の吉原は「元吉原」と呼び、単に「吉原」という時は前者を指す。

移転によってさらに発展を遂げた吉原

田園地帯である日本堤に移転させる代わりに、北町奉行の石谷《いしがや》貞清は次のような便宜を図っている。

・吉原の町割を5割増やす。
・これまでは昼間の営業のみだったが、夜間の営業も認める。
・移転のための引っ越し料を払う。
・私娼で営業する風呂屋200軒余りを取り潰す。
・周辺の火事や祭礼への対応を免除する。

こうして吉原の移転が決まったが、翌年に明暦の大火が起こり、吉原は灰燼《かいじん》に帰した。しばらくは茶屋や町屋の建物を借りて営業を行い、日本堤で営業を再開した。移転に際しては、着飾った遊女たちをひと目見るため、多くの見物人が集まったという。

日本堤は浅草聖天町《しょうてんちょう》と三ノ輪を結ぶ土手道で、吉原はその中ほどにあった。どこから行くにしても、最後は日本堤を通る必要があったので、いつしか「吉原通いの道」として知られるようになった。『仕掛人・藤枝梅安』の「春雪仕掛針」にも、「吉原の遊里は、山谷堀《さんやぼり》に沿って西へ行けば、すぐに手がとどく」という記述がある。日中よりも人通りが激しく、吉原が江戸有数の人気スポットだったことを物語っている。

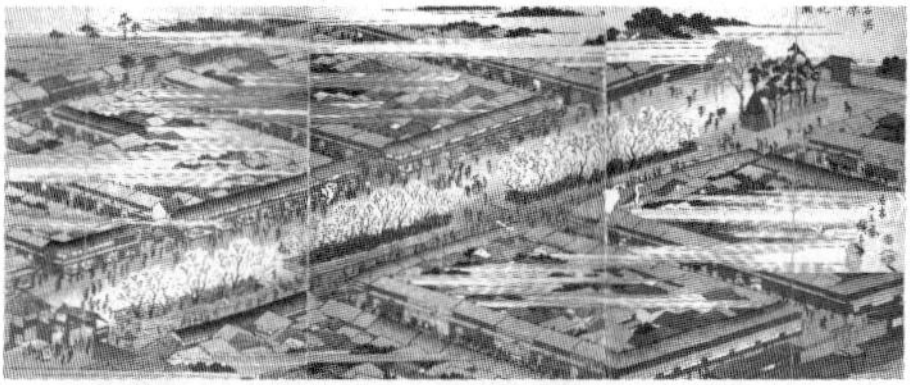

『東都名所』新吉原五丁町弥生花盛全図
吉原には客の管理や遊女の逃亡を防ぐために門は1つしかなく、目抜通りである仲之町通りの左右には数百軒の妓楼が立ち並んだ。

吉原通いの客をあてにした茶屋や屋台が建ち並び、大いに繁盛した。吉原は芝居町とともに「二大悪所」と呼ばれ、日本橋の魚河岸と並んで「1日に1000両が落ちる場所」と称された。吉原は、宝暦年間（1751～1764）が最も盛りの時期だったとされる。それまでは吉原の独り勝ちだったが、藩財政の悪化などで、大名が堂々と遊ぶのが難しくなった。また、幕府非公認の岡場所や宿場に足を運ぶ人が増え、吉原の繁栄に陰りが見え始めた。

『仕掛人・藤枝梅安』は宝暦年間から半世紀近く過ぎた寛政・文化年間の物語なので、最盛期ほどの賑わいではなかったと思われる。とはいえ、吉原が江戸っ子の憧れの場所だったことに変わりは無く、文化8年（1811）には214軒の遊女屋があったという。

困窮者対策で大衆化する売春宿

庶民からの支持を得た幕府非公認の岡場所

『仕掛人・藤枝梅安』の長編「梅安影法師」所収の「春雷」には、梅安の命を狙う平尾要之助の兄・源七が、田町の煙草屋・勝平の手引きで吉原に行ったという話がある。吉原は幕府公認の遊廓だったが誰でも豪遊できたわけではなく、大名や旗本、諸藩の留守居役、豪商の放蕩息子など富裕層に限られていた。源七は色里には縁の無い人だったが、それでも一度は足を運んでみたい場所だったのだ。とはいえ、庶民や下級武士には手が届きにくい場所だったので、岡場所や宿場など、幕府非公認の色街に足を運ぶようになった。

岡場所の「岡」は「傍目《おかめ》」などと同じく、「脇」や「外」という意味である。宝暦～天明年間（1751～1789）に最盛期を迎え、江戸市中だけでも70ヶ所以上の岡場所が存在した。有名な岡場所としては、深川や上野山下、根津などがあった。特に人気だったのは深川で、天保8年（1837）頃には500人近くの遊女がいたという。水運が発達していた深川では舟の移動がメインで、船宿が客を料理屋に案内したり、遊女や芸者の手配をした。

上野には徳川家の菩提寺である寛永寺があり、山のふもとに山下という町があった。寛永寺の火除地である山下には見世物小屋や水茶屋などがあり、賑わいを見せた。また、神社の門前には古くから遊女が集まってきたが、根津神社の門前も例外ではなかった。江戸の中心部に近かったこともあり。「岡場所第一の遊里」といわれた。

岡場所の娼婦には値段の差があり、1回の行為が十数文から数十文という格安の街娼がいる一方で、それなりの値段の娼婦もいた。岡場所でも特に安価だったのが「切《きり》見世」で、別名「ちょんの間」と呼ばれた。時間にしてわずか10分ほどの情交だが、一応室内の布団で交合できるので、庶民からは人気があった。

『全盛四季夏』根津庄やしき大松楼
根津神社の門前には、「岡場所第一の遊里」と呼ばれ、多くの娼館があった。

吉原は幕府から公認を得る代わりに、それなりの冥加金《みょうがきん》を納めていた。そのため、非公認の岡場所をいつまでものさばらせるわけにはいかず、幕府に対して摘発を求めた。幕府も岡場所を取り締まりの対象とし、松平定信が行った寛政の改革では事実上壊滅の憂《う》き目に遭った。しかし、定信が失脚すると岡場所は徐々に復活した。

岡場所は吉原に比べると格式張っておらず、利用料金も安価だった。そのため、多くの江戸っ子が流れていったが、このような現状に対応するため、吉原も江戸時代後期は大衆化路線にシフトチェンジしていった。

高級遊廓時代の吉原では、高級遊女は高い教養と技芸が必要とされた。しかし、大衆化路線にシフトすると、それらは以前ほど必要とされなくなった。一方で、芸事に秀でた女性を色から手を引かせ、色を売る遊女と芸を売る芸者の棲み分けが明確になった。

幕府公認で置かれた宿場の「飯盛女《めしもりおんな》」

江戸時代の日本には、至るところに遊里があった。元禄3年（1690）に来日したドイツ人医師のケンペルは、著書『江戸参府旅行日記』で「日本の公共の旅館は、公の娼家となっている」と述べている。もちろん、すべての旅館が娼館ではないのだが、宿場の旅籠《はたご》屋には「飯盛女」という遊女がいた。そのため、あながち間違っているとも言

『東海道五拾三次』赤阪・旅舎招婦ノ図
宿場町にある旅籠には「飯盛女」と呼ばれる遊女がいた。右下に描かれているのが、化粧と身支度をする遊女である。

いきれない。

飯盛女は、本来は食事の世話をする係だった。しかし、いつしか殿方の下の世話もするようになった。旅行客が飯盛女を買えば売り上げも伸びるので、旅籠屋も魅力的な飯盛女を揃えて客を呼び込んだ。幕府は「旅籠1軒につき飯盛女は2名まで」と定めたが、「下女」の名目で女郎を雇うなど、あの手この手で商売をした。それだけ人々が女郎を買っていたのだ。

品川、内藤新宿、板橋、千住は江戸の玄関口ということもあり、旅行者だけでなく近隣の人たちも利用していた。飯盛女も大勢いて、『仕掛人・藤枝梅安』の「梅安影法師 春雷」には、千住に飯盛女を置く旅籠が50軒以上あったことが記されている。江戸時代には多くの人が旅に出たが、途中で女郎買いをするのも、旅人の楽しみの1つだった。

吉原遊女の過酷な年季奉公

「水揚」の儀式を済ませて遊女の仲間入り

10歳未満で遊女屋に売られた娘は「禿《かむろ》」として、遊女屋内の雑用をこなした。また、のちに遊女になるための礼儀作法も教え込まれた。上級遊女として見込みのある禿は、楼主の下で諸芸や行儀を仕込まれた。

15歳前後で遊女見習いの「新造」になり、接客法を習い始める。そして、客を取る前に性体験を済ませる「水揚《みずあげ》」の儀式に臨んだ。初体験でトラウマを抱えたり、嫌悪感を抱くことがないよう、遊女の扱いに慣れた初老の馴染み客に依頼した。

水揚が済んだら、次は「突出し」となる。遊女が初めて客を迎えることで、遊女屋の負担で着物や夜具の新調が行われた。各所に挨拶回りをして、強《こわ》飯《いい》（赤飯）を炊いて振るまったとい

吉原遊廓娼家之図

遊女は年季明け前に命を落とす者が多かった。楼主から虐待を受ける者もおり、嘉永2年(1849)には過酷な窮状を訴えるために16人の遊女が放火し、自首した事件が発生している。

う。ここからが年季の始まりで、吉原には「年季は10年、27歳まで」という暗黙のルールがあった。

　吉原の遊女たちの1日の最初の仕事は、朝帰りの客の見送りである。客の後ろについて2階の玄関口、または大門《おおもん》まで見送るが、これを「後《きぬ》朝《ぎぬ》の別れ」と呼ぶ。素っ気無く見送るのではなく、客に「後ろ髪を引かれる」思いをさせるのが、プロのテクニックである。

　その後は就寝し、午前10時頃に起床する。入浴や食事、化粧などを済ませ、正午から昼の営業である「昼見世」が始まる。ただし、昼見世は客がまばらで、「昼見世へお職（遊女）はなまけなまけ出る」という川柳があるほどだった。昼見世の終了後は遅い昼食を取り、しばしの自由時間となる。そして、午後6時から「夜見世」が始まり、宴席などで客の相手をした。『仕掛人・藤枝梅安』の「闇の大川橋」には、7000石の旗本当主・安部長門守の嫡男である主税之助《もんどのすけ》が、吉原に夜な夜な入りびたっていたという記述がある。

亡くなると無縁仏として葬られる

吉原の周囲は「お歯黒《はぐろ》どぶ」と呼ばれる溝と塀に囲まれ、唯一の出入り口である大門には番人が常駐していた。これは、お尋ね者が出入りしたり、遊女の脱走を防ぐ目的があったといわれる。遊女としての暮らしに嫌気が差し、脱走を試みる女性もいた。しかし、ほとんどは成功せず、連れ戻されて折檻《せっかん》を受けた。人生に絶望し、自ら命を絶つ女性もいたという。

遊女が大門から出られるのは「殿方から身請けされた時」「年季（奉公する約束の期間）が明けた時」、そして、「亡くなった時」であった。「身請け」は年季途中の遊女をもらい受けることで、いわゆる「寿退社」のようなものだ。遊女の仕事から足を洗うことができるが、遊女に去られるのは店にとっても大損害だったので、身請けする側は、遊女屋に莫大な額の「身請け料」を払う必要があった。売れっ子遊女の場合、店も遊女が年季満了まで稼ぐであろう金額の補償を求めた。中には、「ほかにも身請けしたがっている客がいる」と煽って、大金をふっかける店もあった。吉原の遊女を妻や妾に迎えるのは、男にとって人生最大の見栄だったのである。

身請けで吉原を出る遊女は例外中の例外で、多くは年季明けまで勤め上げた。吉原を出て結婚する女性がいる一方で、結婚相手が見つからずに岡場所や宿場に流れる女性もいた。また、吉原にとどまり、「番頭新造」として遊女屋で働く者もいた。一方で、過酷な労働条件で不健全な生活を強いられていたこともあり、年季明けまでに亡くなる遊女も少なくなかった。不特定多数の男たちと交わるので、遊女が性病に罹患するのは当たり前のことであった。集団生活を送っていたので、伝染病にもかかりやすかった。

亡くなった遊女は抱え主の菩提寺に葬られることもあったが、多くは吉原に近い三ノ輪の浄閑寺に葬られた。遺体は無縁仏として墓地の穴に投げ込むようにして葬ったことから、「投込寺」とも呼ばれた。ちなみに、三ノ輪は藤枝梅安の親友である剣士・小杉十五郎の住まいがあった場所である。

遊女の境遇は俗に「苦界《くがい》」とも呼ばれたが、どこまで行っても苦界から逃れられない遊女は非常に多かったのだ。

組織化される人身売買

困窮者の娘を買い取って遊女屋に転売した「女衒《ぜげん》」

藤枝梅安は桶職人の家に生まれたが、7歳の時に父が他界。母は幼い妹だけを連れて、若い日傭取《ひようとり》の男と逃げてしまった。幼い梅安にとっては非情な出来事だが、生きていくためには、こうした決断もしなければいけない時代だった。

遊女のほとんどは貧困に苦しむ家の娘で、自らこの世界に飛び込んだ女性はごくわずかである。『世事見聞録』には、「越後・越中・出羽の農民が、わずか3両か5両の金子に困って娘を売った」とある。3両か5両かというのは、現在の39万円から65万円に満たない額である。

困窮者と遊女屋の間に立って仲介をしていたのは、「女衒」と呼ばれる業者である。江戸時代は人身売買が禁止されていたので、表向きは奉公という形を取っていた。困窮者の親や親族からの申し入れがあるだけでなく、諸国を巡り、遊女になる女性を探していた。そして、時には貧農の家を訪れ、娘を口説くこともあった。

親からの依頼で遊女屋を斡旋する業者は「町女衒」、諸国を回って女性を調達する女衒を「山女衒」と呼ばれるが、どちらも実質的には人身売買と同じであった。

遊女の身売りの契約は極めて理不尽だった

遊女屋への身売りに際しては、「不通縁切証文」と「年季奉公人請状」という契約書が取り交わされた。前者は親兄弟との縁を切り、娘を遊女屋に養女として差し出す旨を記した証文である。養育費という名目で、親に金が支払われた。後者は、年季を定めて娘を遊女屋に下女奉公させる同意内容をまとめたものである。

当初は、年季奉公は3年までとされていたが、のちに10年まで延びた。ただし、遊女として働けるようになるのは15～17歳ぐらいからなので、それ以降の9年間が年季として扱われた。遊女が変死しても実の親は抗議できず、病気になっても治療費は遊女本人が負担した。とても理不尽な契約だったが、生活に困窮していたので、受け入れるしかなかった。

超階級社会だった吉原

吉原遊廓の遊女屋には格差があった

吉原の遊女屋は「大見世」「中見世」「小見世」に分かれ、見世の格によって料金や規模はそれぞれ異なった。最も格が高いのが大見世で、高級遊女が多数在籍し、遊ぶには多額の揚代《あげだい》（代金）が必要だった。

大見世で遊ぶには仲介役である引手茶屋《ひきてぢゃや》を通す必要があったが、中見世は通さずに遊ぶこともできた。ただし、茶屋を通さないと遊べない遊女もいた。また、職人階級などの羽織未着用の客は入店が認められなかった。小見世は引手茶屋を通す必要がなく、料金さえ払えば誰でも遊べた。

ちなみに、『仕掛人・藤枝梅安』には、看板娘を置き、旅籠に客を案内する「水茶屋」が出てくる。ほかにも、

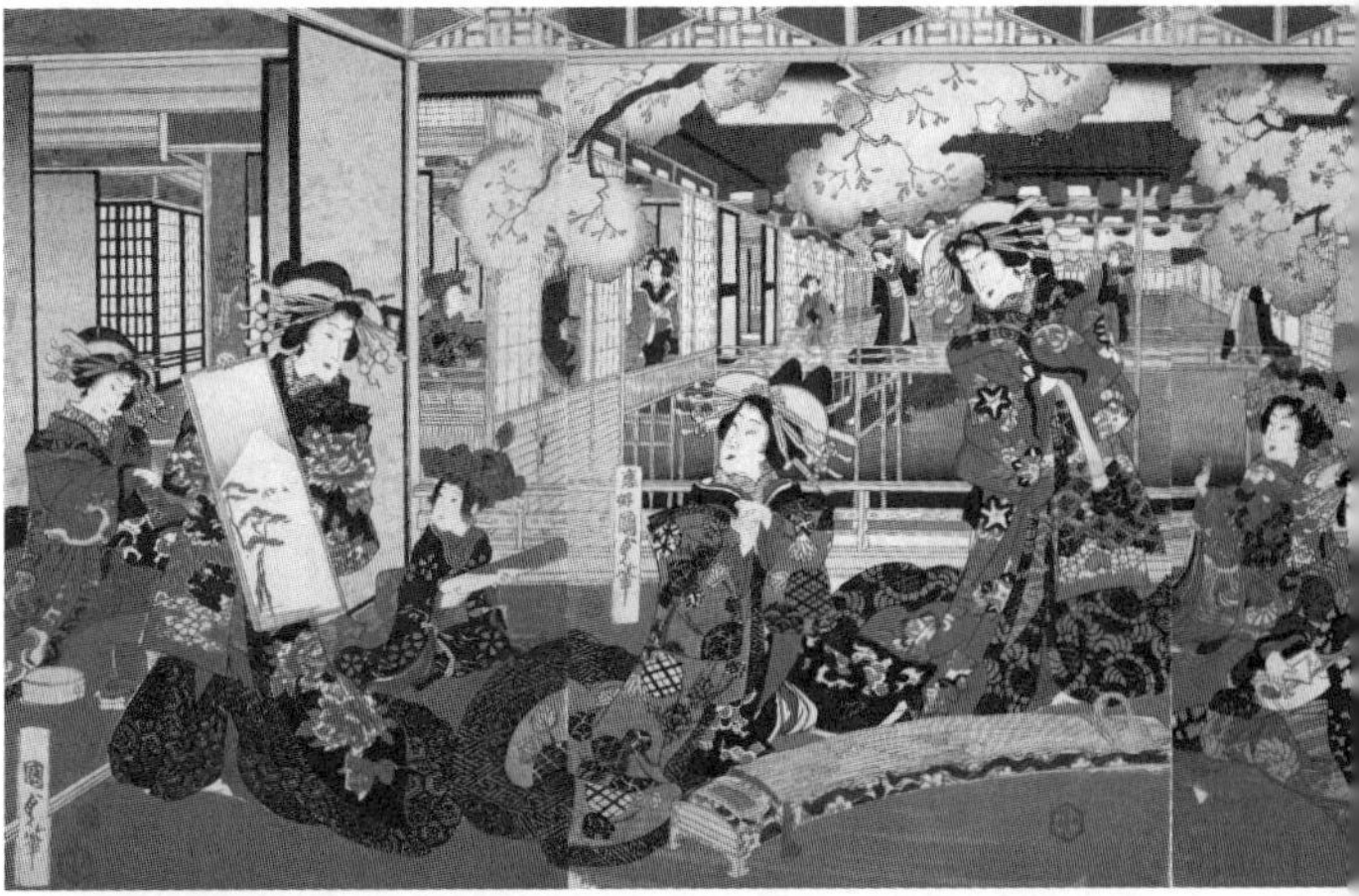

新島原晩華楼遊女揃
吉原の妓楼には格式があり、さらに遊女は「太夫」を最上位に、「格子」、「端」とランク付けされた。

「出会茶屋」「料理茶屋」など、さまざまな営業形態の茶屋があるが、性風俗を売りにした茶屋も少なくなかった。『仕掛人・藤枝梅安』の「さみだれ梅安」には、「名の通った店（茶屋）になるほど、隠し部屋のついた座敷や離れ屋がある」という記述がある。

客と遊女が情交したのは遊女屋の2階で、遊興の場でもあった。1階は奉公人や店主の部屋があるほか、客が遊女を品定めするための座敷が設けられていた。大見世は籬《まがき》（格子《こうし》）が窓全体にはめられた「総籬」、中見世は4分の3の「半籬」、小見世は下半分だけ籬が組まれた「総半籬」の構造だった。

表通りの3つの見世よりも安く遊べ

たのが「切見世（河岸見世）」で、裏通りに軒を連ねた。遊女の質も吉原の中では最も悪く、異質のエリアであった。三見世の遊女は20代半ばで年季を終えたが、切見世の遊女には年齢制限がなかった。そのため、身寄りの無い遊女が切見世に移ることもあった。

吉原では遊女にもランクがあった。吉原が日本橋人形町界隈にあった頃は、最上位に「太夫」があり、その下に「格子」「端」という序列だった。太夫と格子が上級遊女で、総称して「花魁《おいらん》」と呼ばれた。太夫の中でも最上位に位置付けられたのが高尾太夫で、大名や豪商しか相手にしない最高クラスの遊女だった。有名なのが2代目の高尾太夫で、仙台藩主の伊達綱宗に身請けされたことから「仙台高尾」と呼ばれた。

当時の客はほとんどが武士だったので、太夫は和歌や茶道、三味線など、あらゆる教養を身に付けた。寛永年間（1624～1644）には70人以上の太夫がいたが、江戸の郊外にある新吉原に移転してからは、その数が徐々に減少する。元禄年間（1688～1704）には4人だけになった。そして宝暦2年（1752）、最後の1人が引退した。

最高級の遊女だけに許された「花魁道中」

最も格式が高い太夫が消滅した背景には、吉原の客層の変化があった。羽振りがよかった大名が吉原に足を向けなくなり、代わりに裕福な町人がやって来るようになった。彼らは遊女に高度な教養を求めなかったので、必然的に太夫は姿を消していった。

太夫とともに格子も減少し、その下にいる「散茶《さんちゃ》」が人気を得るようになる。その下の「局《つぼね》」は、自分の部屋を持つ中級クラスの遊女を指す。散茶は「呼出昼三《よびだしちゅうさん》」「昼三」「付廻《つけまわし》」に分かれ、局は「座敷持」と「部屋持」に分化した。当初は座敷持以上が花魁として扱われたが、幕末には小見世の遊女も花魁と呼ぶようになった。

最高位の呼出昼三は、「揚屋」という店に出向いて客を接待した。呼ばれた呼出昼三は供を従えて遊女屋から揚屋に向かったが、これがいわゆる「花魁道中」で、吉原の名物でもあった。吉原以外にも岡場所、宿場などの遊里があり、その中でもさまざまな階級や格差があった。公の許可なく営業する売春婦を「私娼」と呼び、特に有名なのが「夜鷹《よたか》」である。岡場所や旅籠でも通用しなくなった女性が、生きるために路上で客を取った。夜鷹の料金は16文から24文で、蕎麦1杯の値段と大して変わらなかったという。

ほかにも、寺社の境内で客を待ち構えた「山猫」、舟の上で体を売る「舟饅頭《ふなまんじゅう》」、最下級の「蹴転《けころ》」など、さまざまな私娼が存在した。

社会的地位が高かった江戸の遊女

世間一般には孝行娘と見られた遊女たち

遊女の多くは貧窮した家の娘だったが、娘を売ったのは農村だけではなかった。裏長屋で生活に困っている家、没落した商家、中には下級武士の娘でさえも、暮らしが厳しくなって娘を売りに出すことがあった。

『宮川舎満筆《みやがわのやまんぴつ》』という幕末の随筆には、下級武士の娘・お安が困窮した家族を救うため、自ら18両で吉原の遊女屋に身売りしたという話がある。18両は、現代でいえば230万円ぐらいの金額である。お安は客からもらった祝儀も自分のために使わず、親に送り続けた。その話を聞いた北町奉行の跡部《あとべ》甲斐守は、親孝行の褒美として金一封を与えたという。

このように、遊女のほとんどは家族を救うために売られたので、世間からは同情を集めた。お安のように「親孝行をした娘」として評価され、「はしたない」と差別されることは少なかった。宿場などは遊女によって経済が支えられた面もあり、『仕掛人・藤枝梅安』の「東海道の雪」では、東海道の岡崎の遊女が「海道一なり」と称えられている。

これに対し、欧米における売春婦は、単に蔑《さげす》まれる存在だった。そのため、来日した外国人は、遊女の地位や遊女に対する見方に驚いたという。例えば、安永5年（1776）に江戸へ参府したスウェーデン人の植物学者カール・ツンベルクは、『江戸参府随行記』に次のように記している。

「まったく奇異に思えるのは、幼女期にこのような家に売られ、そこで一定の年月を勤めたあと完全な自由を取り戻した婦人が、辱められるような目で見られることなく、のちにごく普通の結婚をすることがよくあることである」

当時のヨーロッパでは、一般社会に戻った娼婦が普通に結婚することは、到底考えられないことだった。そのため、このようなことを書いたのだと思われる。また、幕末に来日したオランダ人医師のポンペも、『日本滞在見聞記』で次のように述べている。

「ヨーロッパでは個人が自分で売春をするのであり、本人が社会から蔑視される。しかし、日本では本人の罪ではない」

こうした社会的な理解があったので、年季が明けた遊女を妻や妾に迎えるのも、ごく当たり前に行われていた。「ウチの女房は人気の花魁だった」と自慢し、周りもうらやましがったという。

遊女に対する差別が生まれ始めた近代

この当時、男性が遊廓に遊びに行くことは、特段珍しいことではなかった。独身男性はもちろん、妻帯者も普通に遊廓へ通った。家が傾くほど散財しなければ、遊廓遊びには寛容的だった。葬式などが終わった後、「精進落としだ」と言って、人目もはばからずに遊里へ出かける男もいた。現代の倫理観でいえば不謹慎な行為だが、当時は非常識とはみなされていなかったようだ。

ヨーロッパ人から見ると、売春を是とした日本人の姿は奇異に映ったようだ。ドイツ人医師のシーボルトは品川宿を通過した時、かなりの身分の男が女郎屋に堂々と出入りするのを見て驚いたという。いわゆる鎖国で国が閉ざされていた間は、こうした性に対する考え方がまかり通っていた。しかし、明治の世が訪れると西洋のキリスト教的な倫理観が流入し、遊女に対する差別的な見方が育まれていった。

明治5年（1872）に「芸娼妓解放令」が公布されると、遊女の年季奉公が「実質的な人身売買」であるとみなされ、禁止が通達された。吉原では3500人近くの遊女

明治時代後期の吉原遊廓

芸娼妓解放令によって、遊女は「自らの意思で春を売るふしだらな者」とみなされ、差別されるようになった。

が解放されたが、これは西洋列強に日本が変わったことをアピールする〝目くらまし〟であった。遊廓はその後も存続し、貧困に耐えかねた親が娘を身売りする構造も相変わらず続いた。

とはいえ、遊廓や遊女に対する見方は以前とは変わってきて、遊女屋も大々的に商売をすることはできなくなった。昭和に入ると国際連盟が公娼問題を取り上げ、日本でも廃娼運動が巻き起こった。そして昭和33年（1958）、「売春防止法」が施行されたことで、遊里としての吉原の歴史に終止符が打たれた。

春画に描かれた花魁のリアル

美人画や春画に描かれた遊女たちの姿

江戸における遊廓・遊里は単なる売春宿ではなく、一種のテーマパークのような場所でもあった。祭りや花見の時期には子ども連れの客もいて、地方から江戸見物に来た人々の観光地でもあった。

吉原の遊女をスターダムに押し上げたのは、江戸文化の代表的存在でもある浮世絵であった。彼女たちが描かれた浮世絵は、参勤交代で江戸に来た武士たちのお土産として重宝された。浮世絵が地方に流れることで、吉原の遊女たちも広く知られるようになった。

吉原の遊女は歌舞伎役者と並ぶ江戸のスターだったので、個人名入りの浮世絵も多く描かれた。市井の女性たちは浮世絵の遊女の髪形や着物をチェックし、真似たりした。江戸時代には島田髷、勝山髷などさまざまなヘアスタイルが流行ったが、その火付け役

枕辺深閨梅
葵小僧を彷彿とさせるコスプレでの性行為を描いた春画。
吉原の遊女は性行為の際に服は脱がなかったといわれる。

になったのが遊女たちだった。いわば江戸のファッションリーダー的な存在であり、遊女の髪型や衣装を見るため、吉原にやって来る一般女性も少なくなかったという。

また、男女の性生活を主題にした春画でも、遊女たちが多く描かれている。表向きは幕府によって禁じられ、時には禁令が出ることもあった。しかし、店頭ではなく裏でひそかに売買され、出版がやむことはなかった。江戸時代の男女は性に対して貪欲で、春画や艶本《えんぽん》、性指南書などは人気が高かった。鈴木春信や喜多川歌麿、葛飾北斎など、浮世絵界を代表する絵師も、さまざまな春画作品を残している。

初期の春画の画風は素朴だったが、時代を重ねるうちに工夫が施され、臨場感が増すセリフも入るようになった。後期になると局部が誇張され、体位もアクロバティックになるなど、グロテスクな表現も見られるようになった。ほかにも、突風で裾がめくれそうな娘、湯上がりに浴衣1枚だけ羽織った艶女など、チラッとした露出で鑑賞者の心をくすぐったものが多く登場した。

男を満足させ続けた遊女たちの性技

春画では遊女と客の性愛も描かれているが、彼女たちが売れっ子になる条件の1つに性技があった。「一に顔（美貌）、二に床（性技）、三に手（手練手管《てれんてくだ》）」という遊女の稼ぎ手の条件があり、「顔」は天性のものなのでどうしようもないが、「床」と「手」で客を引き込むために鍛錬を重ねた。遊女屋の女房や先輩遊女、遣手《やりて》（遊女を管理・監視する監督係の女性）などが性技を仕込んだという。

また、性の技巧として「感じるのは遊女の恥」という教えがあった。1日に何人もの客と結ぶ遊女がその都度感じていたら、身が持たなかったからだ。遊女たちの本音は

「早く入れて（挿入）、早く出して（射精）ほしい」というのが本音だった。春画でも、指くじりをする客に、遊女が「早く挿れておくんなし」とせがむのが常套句である。とはいえ、責められて何も反応しなかったり、淡々と終わらせたら客にガッカリされてしまう。そのため、遊女たちは感じたふりをする技術も身に付けていた。

吉原遊女は行為の際、着物は全部脱がなかったといわれる。春画の性交画でも、全裸の遊女はあまり描かれていない。口吸い（キス）も基本的にはしなかったが、〝奥の手〟ですることもあった。全裸になるかどうかも手練手管の1つで、駆け引き次第では着物を全部脱ぐこともあったようだ。

客の心をつなぎ止めるための方策は、床の上のテクニックだけに限らない。上客を虜《とりこ》にするため、起請文《きしょうもん》を書いて渡す遊女もいた。また、客に惚れていることを形で示すため、彫物をしたり、自分の小指の先を切断して客に渡したりしたといわれる。とはいえ、江戸中期以降は表面を薄く削ぐ方法に変わったという。

『仕掛人・藤枝梅安』では、音羽の半右衛門の密偵だったおしまという女性が、内偵先で情が移りすぎて藤枝梅安らの敵に回ったというエピソードがある。最初は誘う〝フリ〟をしていたけど、気が付いたら本気になっていたというのも、人間味をうかがわせる。

◉大江戸犯罪年表

和暦	西暦	主な出来事
慶長8年	1603	徳川家康が征夷大将軍となり、江戸に幕府を開く
元和3年	1617	人形町に吉原（元吉原）が設置される
慶安4年	1651	鈴ヶ森刑場、小塚原刑場が常設刑場となる
明暦3年	1657	明暦の大火で、伝馬町牢屋奉行・石出帯刀が囚人の切り放ちを行う 吉原が千束村に移転される（新吉原）
延宝7年	1679	武士・平井権八、鈴ヶ森で磔刑に処される
天和2年	1683	天和の大火（八百屋お七火事）が起こる
天和3年	1683	八百屋お七、鈴ヶ森で火刑に処される 盗賊団の首領・鶉権兵衛、鈴ヶ森で火刑に処される
元禄14年	1701	赤穂藩主・浅野内匠頭長矩が松乃大廊下刃傷事件で切腹
元禄15年	1703	赤穂浪士の討ち入り
宝永2年	1705	豪商・淀屋辰五郎、闕所・所払いの刑に処される

正徳4年	1714	江戸城大奥女中・江島が信州高遠に流刑、役者・生島新五郎は八丈島に遠島となる（江島生島事件）
享保2年	1717	大岡忠相が町奉行に任命される
享保3年	1718	火付盗賊改が設置される
享保5年	1720	盗賊・佐々浪伝兵衛、鈴ヶ森で処刑される
享保12年	1727	白子屋お熊、鈴ヶ森で獄門に処される
享保14年	1729	山伏・天一坊改行、鈴ヶ森で獄門に処される
元文元年	1736	大岡忠相が寺社奉行になる
寛保2年	1742	「公事方御定書」完成
延享2年	1745	長谷川平蔵が赤坂の築地中之町の屋敷で生まれる
延享4年	1747	盗賊・日本左衛門、伝馬町牢屋敷内で斬首され、首は遠江見附に晒される
明和元年	1764	長谷川家が本所三之橋通り菊川町に屋敷替えとなる

安永2年	1773	長谷川平蔵が小普請組に任じられ、放蕩生活を送る
安永3年	1774	長谷川平蔵が西の丸御書院番となる
安永4年	1775	長谷川平蔵が西の丸御進物番となる
天明5年	1785	盗賊・稲葉小僧、浅草で獄門の刑に処される
天明6年	1786	田沼意次が失脚、松平定信が筆頭老中となる
天明7年	1787	長谷川平蔵が火付盗賊改に任命される
天明8年	1788	長谷川平蔵が火盗改を解任されるも、半年後に再任される
寛政元年	1789	長谷川平蔵により、武蔵大宮宿で盗賊団の首領・真刀徳次郎が獄門に処される 大盗賊・播磨屋吉右衛門、長谷川平蔵自らが捕縛
寛政2年	1790	長谷川平蔵が「石川島人足寄場」を設置
寛政3年	1791	戯作者・山東京伝、手鎖の刑に処される 盗賊・葵小僧、長谷川平蔵により捕縛され、わずか10日で獄門に処される 盗賊・大松五郎が長谷川平蔵により捕縛される 盗賊・早飛ノ彦が長谷川平蔵により捕縛される

寛政7年	1795	長谷川平蔵が火付盗賊改を辞任、その後、病没（享年50）
享和3年	1803	延命院僧・日道、僧律を犯し死罪
文化元年	1804	浮世絵師・喜多川歌麿、手鎖50日の刑に処される（2年後に死去）
文化2年	1805	盗賊・鬼坊主清吉、小塚原で獄門に処される
文政5年	1822	南部藩士・相馬大作（下斗米秀之進）が小塚原刑場で獄門に処される
文政11年	1828	シーボルト事件が発生、幕府天文方の高橋景保が下獄（翌年獄死）
天保3年	1832	盗賊・鼠小僧次郎吉、小塚原で獄門に処される
天保5年	1834	窃盗犯・木鼠吉五郎、最初の拷問が行われる
天保7年	1836	木鼠吉五郎、27回の拷問でも口を割らず、察斗詰で死罪
天保8年	1837	「大塩平八郎の乱」を起こした大塩平八郎が自決

監修者紹介

縄田一男　なわた・かずお

文芸評論家。1958年、東京都生まれ。専修大学大学院文学研究科博士課程修了。時代小説・歴史小説に造詣が深く、『時代小説の読みどころ』で中村星湖文学賞、『捕物帳の系譜』で大衆文学研究賞を受賞。大衆文学研究会、日本近代文学会会員、チャンバリストクラブ代表を歴任。主な著書に『時代小説の戦後史 柴田錬三郎から隆慶一郎まで』『捕物帳の系譜』（いずれも新潮社）、『ぼくらが惚れた時代小説』（山本一力、児玉清との鼎談集、朝日新聞出版）などがある。

菅野俊輔　かんの・しゅんすけ

江戸文化研究家、歴史家、時代考証家、早稲田大学エクステンションセンター講師。1948年、東京都生まれ。早稲田大学政治経済学部政治学科卒業。早稲田大学エクステンションセンター八丁堀校、朝日カルチャーセンター、毎日文化センター、読売・日本テレビ文化センター、小津文化教室で古文書解読講座の講師を務める。主な著書に『大江戸暮らし大事典』（監修、宝島社）、『江戸の長者番付』（青春出版社）、『江戸・戦国のくずし字古文書入門』（扶桑社）などがある。

✣主な参考文献

『鬼平犯科帳』全巻　池波正太郎　文藝春秋
『仕掛人・藤枝梅安』池波正太郎　文藝春秋
『鬼平犯科帳』ワイド版全巻　さいとう・たかを　リイド社
『仕掛人 藤枝梅安』さいとう・たかを　リイド社
『図表で見る江戸・東京の世界』江戸東京博物館
『古文書に見る江戸犯罪考』氏家幹人　祥伝社
『大江戸暗黒街―八百八町の犯罪と刑罰』重松一義　柏書房
『大江戸捕物帳の世界』伊能秀明　アスキー・メディアワークス
『裏社会の日本史』フィリップ・ポンス　筑摩書房
『「鬼平犯科帳」お愉しみ読本』文藝春秋 編　文藝春秋
『「鬼平」の江戸』今川徳三　中央公論新社
『鬼平犯科帳・悪党列伝』別冊宝島編集部 編　宝島社
『カラー版&重ね地図 地形と地理でわかる大江戸の謎』大石 学 監修　宝島社
『カラー版 地形と地理でわかる神社仏閣の謎』古川順弘、青木 康　宝島社
『地形と地理でわかる日本史の謎』小和田哲男 監修　宝島社
『カラー版 江戸の家計簿』磯田道史　宝島社
『大江戸古地図散歩』佐々悦久 編著　新人物往来社
『日本史資料総覧』高橋正彦、村上 直 監修　東京書籍
『峰打をしたら刀は折れる 時代劇の間違い探し』若桜木 虔、長野峻也　新人物往来社
『実録 江戸の悪党』山下昌也　学研プラス
『日本人の給与明細 古典で読み解く物価事情』山口 博　KADOKAWA
『江戸の組織人』山本博文　新潮社
『江戸の刑罰』石井良助　中央公論新社
『長谷川平蔵 ― その生涯と人足寄場』滝川政次郎　中央公論新社
『江戸買物独案内』中川五郎左衛門　国立国会図書館デジタルコレクション
『江戸三〇〇年「普通の武士」はこう生きた』八幡和郎、臼井喜法　KKベストセラーズ
『本当は恐ろしい江戸時代』八幡和郎　ソフトバンククリエイティブ
『江戸の時代 本当にあったウソのような話』歴史の謎を探る会 編　河出書房新社
『時代考証家が教える 江戸の暮らしがわかる本』山田順子　実業之日本社
TJMOOK『家康の都市計画』谷口 榮 監修　宝島社
TJMOOK『経済でわかる日本史』横山和輝 監修　宝島社
別冊宝島『大江戸「古地図」大全』菅野俊輔 監修　宝島社
別冊宝島『図解 大江戸くらし大図鑑』菅野俊輔、小林信也　宝島社
別冊宝島『実録 参勤交代』八幡和郎 監修　宝島社
別冊歴史REAL『鬼平と大江戸犯科帳』洋泉社
別冊歴史読本特別増刊『実録「鬼平犯科帳」のすべて』新人物往来社
別冊歴史読本増刊『鬼平犯科帳を吟味する！』新人物往来社
歴史と人物9『大江戸 24 時間』中央公論新社

編集　青木 康（杜出版株式会社）
執筆協力　青木 康、常井宏平
本文デザイン・DTP　川瀬 誠
協力　オフィス池波
写真協力　PIXTA
国立国会図書館

宝島社新書

鬼平と梅安が見た江戸の闇社会
（おにへいとばいあんがみたえどのやみしゃかい）

2023年2月10日　第1刷発行

監　修　縄田一男、菅野俊輔
発行人　蓮見清一
発行所　株式会社宝島社
〒102-8388 東京都千代田区一番町25番地
電話・編集　03(3239)0928
営業　03(3234)4621
https://tkj.jp
印刷・製本　中央精版印刷株式会社

ISBN 978-4-299-03881-4